孔子学院总部/国家汉办
Confucius Institute Headquarters(Hanban)

标准教程
STANDARD
COURSE

HSK

主编： 姜丽萍
LEAD AUTHOR: Jiang Liping

编者： 杨慧真、么书君
AUTHORS: Yang Huizhen, Yao Shujun

6上

练习册 **Workbook**

孔子学院总部/国家汉办
Confucius Institute Headquarters(Hanban)

北京语言大学出版社
BEIJING LANGUAGE AND CULTURE
UNIVERSITY PRESS

© 2016 北京语言大学出版社，社图号 16345

图书在版编目（CIP）数据

HSK 标准教程 6（上）练习册 ／ 姜丽萍主编 ；杨慧真，
么书君编 . -- 北京 ：北京语言大学出版社，2016.12（2019.8 重印）
ISBN 978-7-5619-4781-4

I. ① H… II. ①姜… ②杨… ③么… III. ①汉语-
对外汉语教学-水平考试-习题集 IV. ① H195.4-44

中国版本图书馆 CIP 数据核字（2016）第 301898 号

HSK 标准教程 6（上）练习册
HSK BIAOZHUN JIAOCHENG 6（SHANG）LIANXICE

责任编辑：王 轩 陈晓辉
装帧设计：李 政 李 佳
排版制作：北京创艺涵文化发展有限公司
责任印制：周 燚

出版发行 北京语言大学出版社
社   址：北京市海淀区学院路 15 号，100083
网   址：www.blcup.com
电子信箱：service@blcup.com
电   话：编辑部   8610-82303647/3592/3395
          国内发行   8610-82303650/3591/3648
          海外发行   8610-82303365/3080/3668
          北语书店   8610-82303653
          网购咨询   8610-82303908
印   刷：保定市中画美凯印刷有限公司

版   次：2016 年 12 月第 1 版   印   次：2019 年 8 月第 4 次印刷
开   本：889 毫米 × 1194 毫米 1/16
印   张：练习册 11.25/ 听力文本与参考答案 3.75
字   数：279 千字
          05500

PRINTED IN CHINA

使用说明

《HSK 标准教程 6 练习册》与《HSK 标准教程 6》配套使用，全书分上、下两册，每册 20 课，共计 40 课，每课设置听力、阅读和书写三个部分。练习册在编写设计上体现了"考教结合、以考促教"的编写理念，内容与 HSK（六级）考试接轨，题型设置、话题选取、语料长短、命题角度等均与真题一致，目的在于使学生得到全面有效的训练与提高。

1. **听力**。听力部分包括听短文选择与所听内容一致的选项、听采访选择正确答案、听文章选择正确答案三类试题。

2. **阅读**。阅读部分包括选出有语病的句子、选择合适的词语填入短文的空白处、选择合适的句子填入短文的空白处、读短文选择正确答案四类试题。

3. **书写**。书写部分为根据阅读材料进行缩写。由于教材中每一课都有相似的写作练习，故练习册每 4 课（位于每单元最后一课）设计一次写作。

上册练习册附录部分提供 HSK（六级）介绍，方便学习者全面了解该等级考试的基本情况；下册练习册附录部分提供 HSK（六级）模拟试卷一套，力求以教材所学的生词及语言点为考察重点，话题和难度尽可能地贴近真题，学习者可通过模拟试卷进行学前检测。

练习册是教材课后练习的延伸与补充，各课的题目数量按每套六级真题三分之一的比例进行缩减（参见下面的对照表），既保证了必要的练习题量，又不会使学习者感到任务过于繁重。

考试内容		试题数量（个）				答题时间（分钟）	
		真题		练习册		真题	练习册
一、听力	第一部分	15	50	5	17	约 40	约 15
	第二部分	15		5			
	第三部分	20		7			
二、阅读	第一部分	10	50	3	19	50	20
	第二部分	10		3			
	第三部分	10		5			
	第四部分	20		8			
三、书写	作文	1		1（每单元一题）		45	45
共计	/	101		36/37		约 135	约 35/80

注：每单元最后一课设计有作文。没有作文时，共计 36 题，建议完成时间约为 35 分钟；有作文时，共计 37 题，建议完成时间约为 80 分钟。

HSK（六级）考试与前五级考试明显的差异在于以下几点：一是词汇量大。六级新增词汇2500个，而且六级试题语料对生词没有限制，这就需要考生除了注意词语的日常积累以外，还必须具备根据语境理解词语的能力。二是语言点考察以成语、各类虚词以及复杂的复句结构为主，考试侧重在不同语境下对汉语的理解和综合运用上。三是话题的深度明显提高。虽然六级话题大类并未明显变化，但各类话题涉及的内容较之前有明显的扩展和深化。四是书面语体色彩明显。书面语体是在口语语体的基础上发展形成的，一般比较舒展、严密、文雅，词汇量也较口语丰富。五是更加重视篇章写作能力的考察。

　　针对以上变化，我们在练习册的编写中，不仅重视每课话题的深度和广度、语体色彩的突显、语言点和课文所学词语在练习中的复现，更注重词汇的拓展。如："串"在课文中用为量词、练习册中用为动词，"大意"课文中用为形容词"dàyi"、练习册中用为名词"dàyì"，加入由旧字构成的新词（"触摸"）、成语（"自然而然"）、方言词（"一股脑儿"）以及常用纲外词（"青睐"）等。

　　应该说，与五级相比，HSK（六级）对于学习者的词汇量以及在语境中正确理解词义的能力，都要求有一个跨越式的提高。为了使五级与六级考试对接，我们特意在《HSK标准教程6》每课"热身2"环节设计了"想一想下列词语之间有什么联系"的练习，我们相信，这样的日积月累，一定能滴水穿石，也希望学习者能在练习册的使用中有所感受。

　　本练习册建议教师以作业形式布置给学习者，完成练习后学习者可对照答案评估学习效果。学习者共同的问题，教师可择机在课堂上进行解答。

　　以上是对本练习册使用方法的一些说明和建议，教师在教学过程中可以根据实际情况灵活使用。希望这本练习册可以帮助每位学习者在汉语学习上取得更大收获，顺利通过HSK（六级）考试。

编者

目　录

生活点滴

1

孩子给我们的启示

一、听 力

第1–5题：请选出与所听内容一致的一项。

1. A 阿姨特别喜欢孩子

   B 阿姨去明明家做客

   C 明明很喜欢喝凉茶

   D 明明自己喝茶自己倒

2. A 露西跟"我"很亲密

   B 露西特别不会说话

   C "我"嫉妒露西会说话

   D "我"被露西称赞很高兴

3. A 孩子应有人督促

   B 孩子都喜欢自由

   C 父母知道应该怎样培养孩子

   D 溺爱孩子会扼杀成长的动力

4. A 孙悟空是警察

   B 孙悟空很有风度

   C 我们都离不开孙悟空

   D《西游记》是一本小说

5. A 孩子应关注父母的健康

   B 父母也应学会讨好孩子

   C 有些父母让孩子感到失望

   D 父母应重视孩子的心理成长

第二部分 💿 01-2

第 6-10 题：请选出正确答案。

6. A 她是一名作家

   B 她在杂志社工作

   C 她研究青少年教育

   D 她是一位严厉的母亲

7. A 教育孩子不能害怕失败

   B 要教会孩子做事有计划

   C 不能让孩子事事自己拿主意

   D 应该学会多引导和鼓励孩子

8. A 家长不要太能干了

   B 家长不要包办代替

   C 要让孩子懂得负责

   D 要多给孩子一些爱

9. A 他们怕孩子做错了主

   B 他们想一生替孩子做主

   C 他们觉得孩子做不了主

   D 他们觉得孩子做事没道理

10. A 要多和老师沟通

    B 要多替对方着想

    C 要多给孩子一些爱

    D 家庭成员之间不要吵架

第三部分 💿 *01-3*

第 11-17 题：请选出正确答案。

11. **A** 新美南吉懂韩语和汉语

    B 新美南吉一生没有结婚

    C 新美南吉 30 岁成名

    D 新美南吉最喜欢狐狸

12. **A** 在日本南方知道的人不多

    B 只有三篇作品称得上经典

    C 作品主要描写家乡的自然风景

    D 中国的语文课本选了他的作品

13. **A** 在他的家乡建了纪念馆

    B 大力参与保护动物的活动

    C 出版了新美南吉的所有童话

    D 以他的童话命名儿童文学奖

14. **A** 过去父亲不管教育子女

    B 培养孩子比给他生命重要

    C 孩子不愿意接受父亲的管教

    D 孩子没教育好是父亲的责任

15. **A** 孩子会有更多爱好

    B 孩子会变得更有情趣

    C 孩子会更懂得尊重别人

    D 孩子的事业心会更强

16. **A** 容易与他人相处

    B 独立自主能力差

    C 不愿意参加体育活动

    D 不知道怎样能够成功

17. **A** 孩子更喜欢依赖母亲

    B 缺少父爱的孩子问题多

    C 父亲在家教中不可缺少

    D 孩子在父爱下学会坚强

二、阅 读

第一部分

第18-20题：请选出有语病的一项。

18. **A** 明清时期，这里成了旅游胜地。

　　B 我约好了，下午去见面我的朋友。

　　C 他人倒是挺好，就是有时候太任性，也不够宽容。

　　D 如果你想听清别人说什么话，就别急着嚷嚷，耐心听别人把话说完。

19. **A** 我的家乡在南方，夏天比这里热极了。

　　B 她这个人就是爽快，我喜欢和这样的人打交道。

　　C "接触"无疑是重要的，因为只有接触了，才会了解。

　　D 今天是妈妈的生日，我决定在她下班前给她做两样我的拿手好菜。

20. **A** 苏轼，号东坡居士，北宋文学家、书画家、美食家。

　　B 书法和围棋，都是在一个共同的社会和文化背景下发展起来的。

　　C 晚会散了，我们十多个同学们意犹未尽，想再找个地方接着玩儿。

　　D 张家口的地理位置非常重要，是沟通华北平原与山西、内蒙古的交通要道。

第二部分

第 21–23 题：选词填空。

21. 20 世纪 80 年代中期，学生骑车上学成为风尚，_____ 一人一辆自行车，学校一放学，景象颇为壮观。白天学校最安静的地方就是车棚，成 _____ 的自行车一辆挤靠着一辆，_____ 就没有下脚的地方，我真佩服他们这样都能取车回家。

A 大概　　　辆　　　好在　　　　　　B 大约　　　堆　　　实在
C 险些　　　行　　　确定　　　　　　D 几乎　　　片　　　简直

22. 所谓"421 家庭"，指四个老人、一对夫妻、一个孩子。_____ 第一代独生子女 _____ 婚育年龄，这种家庭模式开始出现。_____ 这种"倒金字塔"式的家庭结构，衍生出的现实问题就是如何养老、如何教育孩子，身处"上有老、下有小"的中间层如何 _____ 异常巨大的生活压力。

A 跟随　　　走进　　　由　　　承载　　　B 陪着　　　开始　　　以　　　忍耐
C 跟着　　　进行　　　却　　　接受　　　D 随着　　　步入　　　而　　　承受

23. 孩子会 _____ 了，会走了，就要给孩子准备一些玩具，满足孩子的好奇心。这些玩具不管类型如何，都要注意安全和卫生。比如，毛绒玩具可以 _____ 阳光暴晒来杀毒；木质玩具可以用肥皂水洗烫。除了卫生清洁之外，玩具上 _____ 的小部件也需引起家长的注意，不要让孩子 _____ 入口中。

A 吃　　　凭借　　　安装　　　吸　　　　B 睡　　　使用　　　设计　　　咬
C 爬　　　通过　　　掉落　　　吞　　　　D 笑　　　利用　　　具有　　　吃

第三部分

第 24–28 题：选句填空。

　　中国古代有个人叫王冕，七八岁时，父亲叫他去放牛，他偷偷地跑进学堂，听学生念书，听完以后就默默地记在心里。傍晚，他常常自己回到家，（24）_____。父亲很生气，自然就会打王冕。但过后，王冕仍是这样。后来，王冕的母亲说："（25）_____，何不由着他呢？"王冕从此以后就离开家去读书，晚上寄住在寺庙里。

　　每到夜里，王冕就坐在佛像的膝盖上，拿着书本，就着佛像前的灯光诵读，书声琅琅，（26）_____。

　　韩性听说了王冕的事情，觉得他与众不同，就将他收作学生。后来，（27）_____。

　　王冕的父亲去世之后，（28）_____。时间长了，母亲想要回老家，王冕就买来头牛，架上车，母亲坐在车上，王冕亲自跟在车后，随同母亲一同回家。

A 一直读到天亮

B 把放的牛都忘了

C 这孩子想读书都入迷了

D 王冕把母亲接到自己的住处敬养

E 王冕成了著名的画家、诗人

第四部分

第 29-36 题：请选出正确答案。

29-32.

因为平时没有时间看电视、玩儿电脑，一放假，有的孩子就整天坐在电视机前，一直到电视里没了节目才肯罢休；有的孩子抱着平板电脑或坐在台式电脑前，打游戏长达十几个小时；还有的家长，为了鼓励孩子考出好成绩，把假期随便看电视、玩儿电脑作为奖励，并给孩子买来各种零食助阵。

专家指出：如此看电视、玩儿电脑会损害孩子的身心健康。首先，长时间盯着电视看，会导致眼疲劳，影响视力。其次，或躺或靠，姿势五花八门，会引起脖子软组织劳损。再次，边吃边看电视，会导致消化不良。更应注意的是，孩子专注于看电视、玩儿电脑，会减少与家人、外界的沟通。

大家都知道，孩子往往缺乏自制力，帮助孩子管住自己最好的"医生"就是家长。家长要正确引导孩子科学看电视。每天看电视的时间应有控制；人与电视间的距离要在三米左右；电视机的高度应与人的视线平行；看半个小时电视就应该休息一会儿，到户外活动活动；要保持端正的姿势，不要东倒西歪；进餐时不要看电视；看电视后要洗脸，洗去脸上含有静电的尘埃和微生物。

对使用电脑的孩子们来说，保护眼睛是十分重要的。父母要告诉孩子，用电脑时要特别注意保护视力。要坚持每隔十分钟休息一下，望望窗外，每天至少要做两次眼保健操，并多吃一些有益眼睛的食物，如鱼、蛋、绿色蔬菜等。

29. 孩子假期会出现什么状况？
   A 不做假期作业
   B 不愿意再上学
   C 有奖励才学习
   D 玩儿命打游戏

30. 专家的看法是：
   A 躺着看电视比坐着看舒服
   B 视力不好的孩子不能看电视
   C 边看电视边吃东西影响健康
   D 喜欢看电视的孩子不爱说话

31. 科学看电视应注意什么？
   A 保持正确的姿势
   B 洗完脸再看电视
   C 离电视越远越好
   D 先看电视后吃饭

32. 用电脑时应注意什么？
   A 每次休息十分钟
   B 多吃一些肉类食物
   C 打开窗户再用电脑
   D 每隔十分钟休息一次

33–36.

　　曾几何时，《劳动最光荣》的儿歌响彻大江南北，影响了一代又一代人。对于35岁以上的绝大多数人而言，他们还是孩子的时候，勤劳致富、劳动光荣等传统美德就深深地扎根在他们的心里了。

　　可现在的一些孩子，同他们讲热爱劳动、勤劳致富，他们会认为这些都过时了。一位小学三年级学生的妈妈说，三年级以前我还会让孩子自己洗洗袜子，后来作业多了，就不让孩子洗了，也基本不让她参与家务劳动。实际情况是，劳动在家庭教育里日渐缺失。是否需要补齐、如何补齐劳动这一课，是不少家长所困惑的。

　　一位品学兼优的中学生的家长却向记者展示了一份特别的简历——她女儿的"日常考核表"。这份考核表中包括劳动、礼貌等指标。家长说："从幼儿园开始，我们就要求孩子逐渐学会自理，参与家庭劳动，在她上小学时就带她参加植树活动、去养老院打扫卫生等。"可见学习任务重，不是孩子舍弃劳动的理由。

　　有教师认为，家庭中的劳动教育需要家长用心设计。家长要根据孩子的身体状况、时间状况制订劳动计划，并和孩子一起体验；还可以设计一些创意性劳动，让孩子参与其中，享受由此带来的成就感。事实证明，转变家长对孩子参与劳动的观念，使家长先意识到劳动在孩子学习、生活和未来长远发展中的积极意义，是改变孩子不热爱劳动现状的根本办法。

33. 关于《劳动最光荣》，我们知道：
　　A 对很多年轻人有影响　　　　　　**B** 孩子最喜欢这个电影
　　C 影响了中国不止一代人　　　　　　**D** 是中国南方的一首儿歌

34. 现在的孩子：
　　A 认为劳动能致富　　　　　　　　　**B** 连袜子都不会洗
　　C 每天都需要补课　　　　　　　　　**D** 家长不怎么让干活

35. 那位中学生家长展示的特别简历说明：
　　A 学习紧张和劳动并不矛盾　　　　　**B** 爱劳动的孩子也会有礼貌
　　C 春天很多孩子都愿意去种树　　　　　**D** 劳动习惯是在幼儿园养成的

36. 教师的观点是什么？
　　A 孩子可以为家庭设计多出力　　　　　**B** 孩子不参与劳动的根源在家长
　　C 要让孩子意识到劳动的意义　　　　　**D** 教师应设计带有创意性的劳动

2 父母之爱

一、听 力

第1–5题：请选出与所听内容一致的一项。

1. A 爸爸为人很和气
   B 爸爸也喜欢夜读
   C 爸爸非常关心我
   D 睡前应该喝牛奶

2. A 王先生是搞家庭教育研究的
   B 王先生喜欢看家庭教育杂志
   C 王先生创办了家庭教育专业
   D《中国家庭教育》办得不错

3. A 中国 70% 的家长不重视教育
   B 中国不少家庭教育存在问题
   C 多数家长教育观念十分先进
   D 学校教育是家庭教育的基础

4. A 同学们的父母都想团圆
   B 有人想隐瞒自己的事情
   C 想投稿的同学都很孤独
   D 假期有同学打算去旅游

5. A 父母教育"我"好好读书
   B "我"的父母念书不太多
   C 父母改变了"我"的一切
   D 父母认为"我"没有缺点

第二部分 🔘 *02-2*

第6-10题：请选出正确答案。

6. **A** 整天闲着不干事

   B 失去了学习机会

   C 家里经济条件好

   D 没有能力养活自己

7. **A** 年轻人缺少工作能力

   B 年轻人学的知识太少

   C 父母愿意掏钱养活他们

   D 社会提供的工作机会不足

8. **A** 父母过分宠爱孩子

   B 父母做事不负责任

   C 父母缺少独立精神

   D 父母不替孩子规划

9. **A** 经济不景气

   B 家庭不和谐

   C 社会不安定

   D 老人不健康

10. **A** 提高年轻人的能力，让他们学习

    B 让有能力的人给年轻人工作机会

    C 让年轻人树立正确的人生观、价值观

    D 父母要给"啃老族"存下足够的钱

第三部分 02-3

第 11-17 题：请选出正确答案。

11. A 不愿意在快餐店工作

    B 最喜欢做商店收银员

    C 做过很多不同的工作

    D 在外语培训机构上过课

12. A 有的消费者很难交流

    B 吵架的时候没必要谦让

    C 对不讲理的人就不用客气

    D 解决矛盾时要给对方留面子

13. A 能够自己赚生活费了

    B 每天能顺便锻炼身体

    C 每个假期都过得开心

    D 能学到课本外的东西

14. A 旅游者老年人居多

    B 餐厅的生意特别好

    C 小岛上餐厅特别多

    D 大学生都在餐厅打工

15. A 不缺钱就不用打工

    B 不如抓紧时间读书

    C 打工纯属浪费时间

    D 希望能够提升自己

16. A 大学生打工更追求金钱之外的收获

    B 年轻人不怕累，只希望工作有钱赚

    C 悠闲、简单的工作最受大学生欢迎

    D 年轻人觉得和朋友一起创业太辛苦

17. A 在中国，喜欢喝咖啡的人多了

    B 假期打工的大学生越来越少了

    C 大学生打工的目的发生了变化

    D 大学生打工只能做简单的工作

二、阅 读

第一部分

第 18-20 题：请选出有语病的一项。

18. **A** 看似简单的藤椅，其实制作起来却并不难。

    B 真是瞎折腾，这条路刚开通几天又被挖了，这不是浪费钱嘛！

    C 民宿作为中国旅游的新业态，一经出现便受到了很多人的关注。

    D 有了政府支持、社会保障、科技助力，智能养老产业一定能不断发展壮大。

19. **A** 柬埔寨吴哥窟以其历史悠久成为众多游客向往的旅游之地。

    B 中小企业在创业初期，大多资金不足，市场受限，经营相对艰难。

    C 望着儿子，我想起了我的童年，是在和哥哥尽情地玩耍中愉快度过的。

    D 父亲背驼了，也没有了使不完的力气，可我相信他还是世界上最伟大的父亲。

20. **A** 曾经参加过的一次环保活动，至今让他印象深刻。

    B 每天晚上，不管再忙，全家一起共进晚餐也是必要的。

    C 手术前，我多少有些担心，因为这毕竟是国内第一例开颅手术。

    D 火星上温差很大，从零下一百多度到二十几度，我们想象不出该穿什么衣服。

第二部分

第 21-23 题：选词填空。

21. 一般来说，随着孩子年龄的增长，其独立_____越来越强，叛逆心也是如此。这段时间，父母应_____注重与青春期孩子的沟通交流。在交流中，要充分_____孩子的学习热情，肯定孩子在学习上的付出及价值。

   A 意识　　特别　　认可　　　　　　B 想法　　分外　　认同
   C 思维　　无比　　同意　　　　　　D 能力　　相当　　重视

22. _____调查，35% 的大学生打工是为了增加收入，以便自付学费；36% 的大学生是想自食其力，挣自己的生活费，_____也可以减轻家庭负担；29% 的大学生是想锻炼自己的能力，报酬_____，如果有，那_____更好。

   A 经　　大概　　不在乎　　自然　　　B 照　　顺便　　不要紧　　绝对
   C 按　　从而　　没关系　　果然　　　D 据　　同时　　无所谓　　当然

23. 我小时候爱看动画片，常常坐在电视机前一看就是大半天。姐姐实在忍不住了，就_____勇气提醒我，要我_____眼睛，多运动。我一听就来气，_____姐姐唠叨。直到后来我戴上了厚厚的眼镜，才知道姐姐是对的，她那是_____我。

   A 拿出　　珍惜　　恨　　可怜　　　B 激发　　爱护　　怨　　疼爱
   C 鼓起　　爱惜　　嫌　　关心　　　D 重振　　保护　　烦　　心疼

第三部分

第 24-28 题：选句填空。

　　诸葛亮小的时候，跟水镜先生学习兵法。水镜先生养了一只公鸡，每天中午鸡叫三声，（24）_____。诸葛亮每天都是听得正来劲的时候鸡就叫了。怎么能让鸡晚叫会儿呢？诸葛亮心想。不久他想出了个好办法，每天上学的时候抓几把小米放在口袋里，快到中午的时候，他就往窗外撒一把小米。（25）_____，也不叫了，过一会儿再撒一把，直到把口袋里面的小米撒完。公鸡吃完小米再叫时，水镜先生已经多讲了半天。

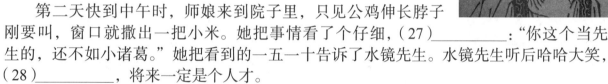

　　水镜先生天天晚下课，（26）_____："这么晚才下课，也不知道饿呀！""你没听见鸡才叫吗？"水镜先生说。师娘猜想其中必有原因。

　　第二天快到中午时，师娘来到院子里，只见公鸡伸长脖子刚要叫，窗口就撒出一把小米。她把事情看了个仔细，（27）_____："你这个当先生的，还不如小诸葛。"她把看到的一五一十告诉了水镜先生。水镜先生听后哈哈大笑，（28）_____，将来一定是个人才。

A 师娘开始埋怨

B 回家后对水镜先生说

C 水镜先生就下课

D 公鸡看见小米就专心地吃起来

E 说诸葛亮聪明过人

第四部分

第29-36题：请选出正确答案。

29-32.

　　20岁，我天天坐在轮椅上。除去给人家画彩蛋，我想我还应该再干点儿别的事，先后改变了几次主意，最后想学写作。母亲那时已不年轻，为了我的腿，她头上开始有了白发。医院明确表示，我的病目前没办法治。母亲的全副心思却还放在给我治病上。她

 找来许多稀奇古怪的药，让我吃，让我喝，或者是洗……花去很多钱。"别浪费时间啦！根本没用！"我说，一心只想着写小说，仿佛那东西能把我这个残疾的人救出困境。"再试一回，不试你怎么会知道没用？"母亲说，每一回都抱着满满的希望。然而对我的腿，有多少回希望就有多少回失望。最后一回，我被烫伤了。医院的大夫说，太危险了，对于我这样的病人，这差不多是要命的事。我倒没太害怕，心想死了也好，死了倒痛快。母亲吓坏了，白天黑夜守着我，一换药就说："怎么会烫伤了呢？我还留着神呢呀！"幸亏伤口好起来，不然她非疯了不可。

　　后来母亲跟我说："那就好好写吧。"我听出来，她对治好我的腿也终于绝望了。我们俩都尽力把我的腿忘掉。她到处去给我借书，顶着雨或冒着雪推我去看电影，像过去给我找大夫、治腿那样，抱了希望。

　　30岁时，我的第一篇小说发表了，母亲却已不在人世。过了几年，我的另一篇小说侥幸获奖，母亲已经离开我整整七年。

　　我常常摇着车去我家附近那座安静的小公园，坐在树林里，想："上帝为什么早早地召母亲回去呢？"迷迷糊糊中我听见回答："她心里太苦了。上帝看她受不住了，就召她回去。"我的心得到一丝安慰，睁开眼睛，看见风正在树林里吹过。

29. 以下哪一项符合"我"20岁时的状况？
　　A 遇事总是拿不定主意　　　　B 画画儿已经小有名气
　　C "我"的腿不能走路　　　　　D 知道自己可以当作家

30. "我"的母亲：
　　A 年轻时头上就有了白发　　　B 天天给"我"做各种好吃的
　　C 因为"我"被烫伤变疯了　　　D 对"我"学习写作抱了希望

31. 20岁时的"我"：
　　A 开始决定学习写作　　　　　B 最喜欢陪母亲去看电影
　　C 对治好病始终抱有信心　　　D 很感激母亲尽力为自己治病

32. "我"30岁时：
　　A 腿治好了　　　　　　　　　B 发表了小说
　　C 小说获奖了　　　　　　　　D 母亲生病了

33–36.

　　不少父母发现，孩子上了初中以后就像变了一个人，不听父母的管教，爱顶嘴，一直听话的孩子也会和父母对着干，也有的为了表现自己的个性，把头发染成彩色的等等。别见怪，您的孩子已进入青春期。

　　青春期的孩子心中充满矛盾。这种矛盾首先表现为独立性和依赖性的矛盾。青春期少年逐渐有了成人感，由此增强了独立意识。比如，生活上他们不愿父母过多地照顾或干预，否则便产生厌烦情绪；很多事不愿意听从父母的意见，强烈地想表达自己的想法。第二是成人感与幼稚感的矛盾。青春期少年认为自己已经成熟，长大成人，因而在一些行为活动、思维认识、社会交往等方面，表现出成人的样式。期待别人把自己当大人看，能够尊重自己、理解自己。第三，开放性与封闭性的矛盾。青春期少年期望与同龄人，特别是与异性、与父母平等交往。第四，渴求感与压抑感的矛盾。青春期少年出现了与异性交往的渴求，喜欢在异性面前表现自己，甚至出现朦胧的恋爱念头，但现实生活中学习的压力却常常会使他们烦躁不堪。

　　面对青春期的孩子，父母要格外关爱他们。青春期正是孩子形成主见的关键时期，父母要包容孩子，不要过分约束他们，不要总认为自己讲的话是对的，孩子是错的，不要什么都自己说了算，不要用命令的口气对孩子说话，不要总是盯着孩子的缺点，要知道，每个孩子都是有优点的，不要拿孩子的短处和别的孩子的优点比。父母要给孩子发言权、自主权、时间支配权；同时，父母也要让孩子承担家中的事务，让孩子学会负责，懂得担当。

33. 孩子有了什么变化就是进入了青春期？
　　A 孩子进入中学以后　　　　　　B 父母不能管孩子了
　　C 孩子开始有个性了　　　　　　D 孩子变得不听话了

34. 青春期少年期待什么？
　　A 父母不再把自己当成小孩子　　B 经济上独立，不要父母照顾
　　C 异性朋友在自己面前表现才能　D 自己变成大人，能够帮助父母

35. 面对青春期少年，父母应注意什么？
　　A 不要批评孩子的缺点　　　　　B 在孩子面前要少说话
　　C 不要说"你应该……"　　　　　D 家里的事要让孩子做主

36. 根据上文，下列哪项正确？
　　A 父母必须认同青春期少年的想法　B 父母要对青春期少年多关心爱护
　　C 青春期少年要有自己独立的房间　D 青春期少年要学会分担家中的烦恼

3 一盒月饼

一、听 力

第 1-5 题：请选出与所听内容一致的一项。

1. A 母亲常常给我寄包裹

   B 包裹里的东西很值钱

   C 包裹是母亲亲手打理的

   D 母亲亲自给我带了包裹

2. A 我特别不喜欢晨练

   B 我胃有点儿不舒服

   C 父亲的胡须都白了

   D 我理解勤奋的父亲

3. A 出门在外都应该惦记家

   B 回家时心中会充满喜悦

   C 受了伤还是回家休息好

   D 在家中可以改变坏心情

4. A "信"主要指对人要诚恳

   B "诚"主要指对人要守信

   C "诚"和"信"是同义词

   D "诚信"指不欺骗，守信誉

5. A 有人来时老张不做月饼馅儿

   B 老张做月饼的手艺是家传的

   C 老张着急时，脸色就很难看

   D 老张家人多，邻居们常帮忙

第二部分 　　 03-2

第6-10题：请选出正确答案。

6. **A** 一个人天生的模样

   B 实际不存在的光荣

   C 努力取得的个人的公众形象

   D 即使倒霉也得保持的好形象

7. **A** 希望别人留下好印象

   B 看不起不爱面子的人

   C 在公共场合不能受委屈

   D 为面子规范自己的行为

8. **A** 夫妻二人从来不和人来往

   B 这个故事没有讲事情的结果

   C 丈夫每天和达官贵人一起吃饭

   D 丈夫自己在外吃饭妻子很生气

9. **A** 他们的生活像一张画儿

   B 他们过着安闲舒适的生活

   C 他们有比较大的心理问题

   D 他们不想付出还想要面子

10. **A** 集体、公众的面子

   B 每个人的言行举止

   C 不能让别人看不起

   D 有自尊心不做丢脸事

第三部分　🖸 *03-3*

第 11–17 题：请选出正确答案。

11. **A** 他总共就读过六年书

    B 他 8 岁就特别会做买卖

    C 小时候他和妈妈每天都吃不饱

    D 长大后他坐车遇到了一位女士

12. **A** 女士的一番话

    B 当律师挣钱多

    C 他想改变工作

    D 他口才特别好

13. **A** 伊尔雅特非常同情母亲

    B 伊尔雅特是一名好司机

    C 伊尔雅特幽默且肯付出

    D 伊尔雅特相信自己最棒

14. **A** 非常严厉

    B 十分斯文

    C 很有童心

    D 年龄太大

15. **A** 他关爱每一位病人

    B 他比一般人会讲故事

    C 他是医院的骨干医生

    D 他没有辜负长辈的期望

16. **A** 爸爸最喜欢读百科全书

    B 爸爸的大脑和别人不同

    C 爸爸最喜欢天文和地理

    D 可以说爸爸什么都知道

17. **A** 爸爸爱病人超过爱家人

    B 爸爸从不认为钱很有用

    C 爸爸是个敬业的好医生

    D 爸爸想改行当小学老师

二、阅 读

第一部分

第18-20题：请选出有语病的一项。

18. **A** 清晨的第一缕阳光照在妈妈的脸上，显得光彩照人。

    B 秋冬季节，除了适合喝红茶，发酵的黑茶也是不错的选择。

    C 正常人每天保证肉蛋奶和豆制品的摄入，没必要再补充蛋白质。

    D 与戴先生不同，作为公司主管的诗女士对自己的职业规划始终非常明确。

19. **A** 一望无际的海，让我思绪如潮，瞬间有了想抒发情感的欲望。

    B 我最喜欢去的地方是博物馆，在那里可以与历史和艺术对话。

    C 明晚8点，我们班在会议室进行新年联欢会，望同学们准时参加。

    D 狗是第一种人类驯养的动物，最初并不是宠物，而是人类狩猎的助手。

20. **A** 小时候，父亲在我心中的模样很模糊，只记得是很严肃的人。

    B 钟连盛是国家级非物质文化遗产传承人，已经和景泰蓝打了37年交道。

    C 圣贝纳迪诺市位于洛杉矶以东96公里，是一个有着20多万人口的小城。

    D 教练喜欢他，因为他有天赋，有渴望，有拼劲，欠缺的只是训练和机会。

第二部分

第 21–23 题：选词填空。

21. 一个醉汉躺在街头，警察＿＿＿＿＿＿＿起他，发现他是当地的富翁。警察要送他回家，他却说："我没有家。"警察指着不远处灯光灿烂的居所问："那是什么？"富翁说："那是房子。你们都＿＿＿＿＿＿＿房子就是家。可是，在你的亲人搬＿＿＿＿＿＿＿以后，那儿还是家吗？"

  A 抱 觉得 离   **B** 扶 认为 走
  C 喊 以为 远   **D** 叫 感觉 家

22. 在中西方文化中，"面子"＿＿＿＿＿＿＿不同的文化特征。探讨和对比不同文化背景下的语言和行为＿＿＿＿＿＿＿出的面子文化的差异，＿＿＿＿＿＿＿消除东西方＿＿＿＿＿＿＿在交往中的障碍，从而有效促进跨文化交流。

  A 具备 表达 有益于 人民   **B** 含有 再现 有利于 人员
  C 具有 体现 有助于 人士   **D** 富有 展现 有待于 百姓

23. 我醒来发现自己躺在医院的病床上，右腿裹着厚厚的纱布，疼得心＿＿＿＿＿＿＿发抖，慢慢地，我＿＿＿＿＿＿＿起，清晨，上学的路上，我被车撞了。看看床边，＿＿＿＿＿＿＿我的是爸爸。他的眼睛布满了血丝，＿＿＿＿＿＿＿刚刚哭过，眼角还存留着未擦干的泪水。

  A 都 回忆 陪着 好像   **B** 在 记忆 看着 如同
  C 还 追忆 伴随 倒是   **D** 仍 回想 护理 曾经

第三部分

第 24–28 题：选句填空。

从前，有个人叫伯乐，（24）＿＿＿＿＿。楚王派他去买一匹日行千里的好马。伯乐说："良马世间少有，大王要耐心等待。"伯乐走了很多地方，没发现一匹中意的马。一天，伯乐走在山间，迎面过来一辆运盐的车，（25）＿＿＿＿＿，吃力地走着。马累得呼呼喘气，每迈一步都很艰难。伯乐走到马跟前。马见伯乐走近，突然昂起头来，瞪大眼睛，大声嘶叫，好像要对伯乐诉说什么。伯乐立即从声音中判断出，（26）＿＿＿＿＿。伯乐对驾车人说："如果上战场，这是一匹好马，用来拉车可惜了，你把它卖给我吧。"驾车人想：普普通通一匹马，拉车没气力，吃得又多，骨瘦如柴，还上战场呢！（27）＿＿＿＿＿。

伯乐回到楚国，把马交给了楚王。楚王有点儿不高兴，说："这马走路都困难，能上战场吗？"伯乐说："这确实是匹千里马，只是拉了一段车，（28）＿＿＿＿＿，才这么瘦。只要喂得好，很快就能恢复体力。"楚王将信将疑，命马夫精心喂养。不久，马变得精壮神勇，跑起路来像风一样快。

A 这是一匹难得的好马

B 又没有好好喂养

C 因会挑马而远近闻名

D 二话没说就同意了

E 一匹瘦弱的马拉着车

第四部分

第 29-36 题：请选出正确答案。

29-32.

　　"哗啦"！客厅里不寻常的声响把我从熟睡中惊醒，不过迷迷糊糊中我又安下心来，有爸爸呢。没等我睡着，又是"哗啦"一声，这下我彻底醒了，努力睁开眼睛，想起我现在独自一人身在澳洲。我壮着胆子爬起来，没敢开灯，一步步蹭到门边，把门拉开一条缝，看到地上的世界地图，心踏实下来，是风把墙上的地图吹到地上了。放好地图，重新躺下，却再也睡不着了，脑海中出现的全是爸爸忙碌的画面。

　　小时候，我很淘气，虽然是个女孩子，可天天疯跑，比男孩子还淘。天不怕地不怕的我只怕一个人——爸爸。只要他冲我一瞪眼，我立刻就老实了，变成了乖乖女。

　　爸爸心灵手巧，木工、电工、修理工，样样精通，什么活儿都难不倒他，因此找他帮忙的人特别多，他也总是二话不说，高高兴兴地就去给人家忙活去了。我这个女儿却不像他，除了学习还说得过去之外，干别的都笨手笨脚，爸爸常常在一边急得摇头。

　　爸爸有个很大的优点就是不重男轻女，这在我们农村显得可特别了。我家只有我和妹妹两个孩子，爸爸总是开心地看着我俩说，没有男孩儿又怎样，我们的女儿也可以干得和他们一样好！爸爸要强，他知道我们姐妹书读得好，一心一意要培养我们上大学。

　　我考上了大学，爸爸高兴得像个孩子。他满面春风，见人就炫耀。我明白了，我就是他的骄傲。

29. "我"熟睡时发生了什么事？
　　A 梦见我已身在国外　　　　　　**B** 爸爸守在我的身旁
　　C 爸爸仍然在忙他的事　　　　　**D** 墙上的地图掉了下来

30. "我"小时候：
　　A 不怕所有的人　　　　　　　　**B** 只怕爸爸一个人
　　C 是个听话的女孩儿　　　　　　**D** 喜欢跟男孩子一起玩儿

31. 以下哪一项符合爸爸的特点？
　　A 没什么本领　　　　　　　　　**B** 不喜欢男孩儿
　　C 越难的活越爱干　　　　　　　**D** 一心要培养好孩子

32. 最适合做上文标题的是：
　　A 我的爸爸　　　　　　　　　　**B** 我的学习经历
　　C 爸爸呵护我成长　　　　　　　**D** 我是爸爸的骄傲

33-36.

由于眼睛患有先天性残疾，三个月大的陈燕被父母遗弃，是姥姥把她捡回来，将她抚养成人。

姥姥知道陈燕无法重见光明，就想方设法开发陈燕的听觉和触觉。在陈燕刚会走路的时候，姥姥就教她靠听觉走路。为了培养陈燕辨别声音变化的能力，姥姥把五分硬币丢到地上让陈燕去找，但不许她在地上摸。还把一分、二分、五分硬币分别丢到地上，让她用耳朵来辨别币值。为锻炼小陈燕的触觉，姥姥要她练习穿针引线。对于一个盲童，穿针引线怕是过于艰难了。陈燕左手捏着针眼，右手捏着线头，往针眼里一次次不停地穿。起初半个小时穿一根，熟练之后两秒钟就可以穿一根了。正是这种不可思议的听觉和触觉训练，使陈燕与一般盲人相比，有了许多过入之处：她会游泳，会骑自行车，甚至骑独轮车……

陈燕自小对音乐感兴趣，学过很多乐器。自打学调琴开始，她每天总是十三四个小时泡在钢琴边，仔细摸，用心记。学调律还必须会修琴，一个盲人手拿锤子钉钉子、用刨子刨木头，受伤总是难免的。那段时间，她手上就没有一块好肉。

四年学习，陈燕掌握了最先进的钢琴调律技术，但满怀信心的她马上遭遇了残酷的现实，当时国内的人还无法接受盲人调琴师。几经周折，一家琴行才经过重重考核后同意录用她。

如今陈燕靠技术已经在调琴这个圈子里闯出了名气。她将 8000 多个钢琴零件熟记于心，并能及时发现影响音准的零件，调出正确的音律。到目前，她已给上万个家庭的钢琴做过调音，她用自己的行动实现了她的理想——让全国人都知道，盲人完全可以从事钢琴调律工作。

33. 姥姥为什么要努力开发陈燕的听觉和触觉？
    A 陈燕离开了父母   **B** 陈燕的身体不好
    C 陈燕永远看不到光明   **D** 陈燕和姥姥生活在一起

34. 姥姥是怎样训练陈燕的？
    A 让她专门去捡地上的钱   **B** 让她天天骑自行车上学
    C 让她从小就学习做针线活   **D** 一开始就让她靠听觉走路

35. 为了学钢琴调律，陈燕：
    A 先学会了修琴   **B** 整整学了 13 年
    C 手经常会受伤   **D** 渐渐喜欢上了音乐

36. 根据上文，下列哪项正确？
    A 陈燕身残志不残   **B** 陈燕是个音乐天才
    C 姥姥从不为陈燕着想   **D** 姥姥的方法有些过头

一、听 力

第一部分 🔘 04-1

第1–5题：请选出与所听内容一致的一项。

1. A 白藤生长在温带地区

   B 白藤的长度参差不齐

   C 有的树上会生长长鞭

   D 大树想摆脱白藤的缠绕

2. A 经常抱怨有损健康

   B 抱怨是一种心理疾病

   C 爱抱怨的人不受欢迎

   D 喜欢抱怨的人很愚蠢

3. A 带着宠物去旅行的人不少

   B 不喜欢坐飞机的人才开车

   C 眼下假期开车远行很时髦

   D 假期有人会带着狗去打猎

4. A 只要读书就会感到快乐

   B 读书就是为了得到知识

   C 要趁情绪好的时候读书

   D 心灵与书相通就会快乐

5. A 恶人就是恶人

   B 那条蛇中毒而死

   C 蛇的牙齿很锋利

   D 做事之前应认真思考

第二部分　🔘 04-2

第6-10题：请选出正确答案。

6. **A** 老师

   B 作家

   C 思想家

   D 语言学家

7. **A** 寓言故事都有些奇怪

   B 寓言作家都是聪明人

   C 寓言故事常包含哲理

   D 思想活跃才能写寓言

8. **A** 各种思想非常活跃

   B 对寓言有很多争论

   C 当时的人都喜欢寓言

   D 创作了《伊索寓言》

9. **A** 都是四个字组成的

   B 包含着深刻的道理

   C 从字面就知道意思

   D 是定型的词组或短句

10. **A** 二者没有任何关系

   B 成语都来源于寓言故事

   C 寓言故事都可以形成成语

   D 有的成语故事就是寓言故事

第三部分　💿 *04-3*

第 11–17 题：请选出正确答案。

11. **A** 耳朵特别大

    B 对气候敏感

    C 记忆力特别好

    D 能对抗暴风雨

12. **A** 大象总是追寻暴风雨

    B 大象凭视觉选择路线

    C 纳米比亚象群经常搬家

    D 大象每天能走 200 公里

13. **A** 有利于保护大象

    B 有助于保护水源

    C 使天气预报更为准确

    D 可更好地预防自然灾害

14. **A** 十分胆小

    B 样子最像鹿

    C 是马的一种

    D 性情温和顺从

15. **A** 狗被麋鹿吓跑了

    B 主人天天抱着狗

    C 主人看见狗就生气

    D 主人让狗和麋鹿玩儿

16. **A** 麋鹿和狗成了真正的朋友

    B 家里的狗终于把麋鹿吃了

    C 麋鹿独自出门遇到了危险

    D 外面的狗也爱和麋鹿玩耍

17. **A** 主人救了麋鹿

    B 不能敌我不分

    C 狗活得很委屈

    D 狗都害怕主人

二、阅 读

第一部分

第18-20题：请选出有语病的一项。

18. **A** "中国设计红星奖"让世界看到了中国设计的力量。

 B 作为一家商业公司，吉尼斯世界纪录有自己的盈利模式。

 C 又粗心了！她特别后悔极了，不知道如何才能把失去的分数找回来。

 D 欧洲大部分火车站都是开放式的，乘客进出火车站跟进出公园一样方便。

19. **A** 现在工作不忙，乘机去趟三亚，倒是个不错的选择。

 B 在电影《白鹿原》中，老腔艺术家们也有过一段完整的表演。

 C 曾因技术原因被延期上映的电影《东北偏北》终于确定要正式上映了。

 D 尽管陈燕钢琴调律技术一流的，但当时人们还是无法接受盲人调琴师。

20. **A** 圣诞节最热闹的地方还是欧美地区。

 B 父亲和母亲是个裁缝，为我做了好多漂亮的衣服。

 C 这次表演的成功给了她很大的鼓舞，演出后她在台上激动得热泪盈眶。

 D 自铁路诞生以来，火车就作为重要的旅行工具承载着无数人的旅行梦想。

第二部分

第 21–23 题：选词填空。

21. 傍晚，金色染红了远处的山和一片片田野，夕阳下的大地显得_____美丽，它们在_____地等待着暮色的降临，等待那一_____明亮的弯月。

    A 恰巧   文静   块   **B** 的确   平静   个
    C 过分   冷静   条   **D** 格外   安静   轮

22. 人生在世有很多的时候需要选择，但是选择是一个_____的过程。过于犹豫，机会可能会从面前跑掉，_____草率，可能会给今后的生活和工作带来不小的麻烦，所以选择既要_____时机，又要谨慎_____。

    A 难过   未免   掌握   小心   **B** 艰难   过分   把握   仔细
    C 为难   盲目   思考   认真   **D** 艰巨   毕竟   利用   留神

23. 我从事的工作会接触到很多处于困扰、悲伤、痛苦之中的人。_____困境，有的人只是悲叹自己的_____，有的人却能重新振作起来，_____着找到生活的方向。只有那些能够比较快地摆脱困境、得到新生的人才_____是生活的强者。

    A 面对   不幸   尝试   称得上   **B** 临到   命运   强迫   提得到
    C 陷身   遭遇   挣扎   够得上   **D** 身临   倒霉   试验   配得上

第三部分

第 24-28 题：选句填空。

寓言是文学作品的一种体裁。这类作品通常为用散文体写的简短的故事，（24）_____，大多具有讽刺、劝喻或教诲的寓意，因而称为寓言。借喻是寓言的重要特点，（25）_____，但寓言的作者有时会在故事的开头或结尾点出主题。（26）_____，人物少，并大量运用拟人化手法，动物、植物都可以成为寓言的主人公。

寓言最初是由人民群众口头创作和流传的动物故事演变而来。梵文故事集《五卷书》就记录了大量的古代寓言。（27）_____，是希腊寓言作品的汇集，它对欧洲的寓言创作产生了深刻的影响。以后著名的作家相继写作寓言，如古罗马作家费德鲁斯、法国诗人拉封丹、（28）_____。近世在世界各国涌现了很多寓言作家，创作的题材也日趋广泛。

A 它向读者暗示寓言所蕴含而未直接表露的思想

B《伊索寓言》300 余篇

C 俄国作家克雷洛夫等

D 寓言的情节通常高度集中

E 有时也采用诗体形式

第四部分

第 29-36 题：请选出正确答案。

29-32.

　　我们知道，人类的语言符号和其他动物的交际方式有着本质的区别，比如叫喊、舞蹈、脚踢、击打等都是动物的交际方式，但是动物上蹿下跳呢？是交际还是情绪的表达？

　　人类的语言结构具有二层性特点，即人类语言有语音系统和语法系统。这两个层面都以数量有限的最小单位，按照一定的规则组合起来，生成数量无限多的大单元。相反，动物的"语言"不能分解成单位，也谈不上结构，结构的二层性就更无从谈起了。

　　人类语言具有能产的特点，人们能够运用有限的语言手段通过替换和组合创造出新的话语来。人们可以理解、说出从未说过或听到过的句子。动物的"语言"只能表达有限的信息，它能传递的信息是固定的，是受刺激限定的。

　　人类语言是不受时地环境限制的，动物则不然。动物的交际是由当时当地的刺激引起的，是对具体情景的感性反应，只能传递某种信息，既不能回顾过去发生过的事情，也不能设想未来。蜜蜂发现蜜源，回来后会立即做出必要的舞蹈动作，可它从不为昨天的发觉而舞，也不猜测未来的发现。只有人类能用语言说古道今，表达深刻的哲理。

29. 人类语言：
　　A 有极其强大的生成能力　　　　B 可以不顾规则任意创新
　　C 有语言和文字两个系统　　　　D 只传递当时当地的信息

30. 其他动物的交际方式：
　　A 表达的信息比人类丰富　　　　B 以上蹿下跳来表达愿望
　　C 是受刺激后的感性反应　　　　D 至今也没有被研究清楚

31. 第 2 段画线词语"无从谈起"的意思最可能是：
　　A 不必再说了　　　　　　　　　B 不值得一提
　　C 根本没这回事　　　　　　　　D 没有办法谈论

32. 人类语言符号和其他动物的交际方式：
　　A 大同小异　　　　　　　　　　B 都在进化中
　　C 各有各的优势　　　　　　　　D 有实质性的区别

33–36.

黄黄是一只四岁半的大黄猫。

四年前的深秋，一个寒冷的周末，我路过一片废弃的工地，听到大风中传来小猫无力的叫声，格外可怜。我想给它买些肉肠之类的食物，结果周围一家商店都没有，我咬咬牙要求自己狠下心来开车离开，以实现对家里人立下的不再带宠物回家的承诺，可是车没走出多远，我还是停了下来，最终走向那只瘦弱的小猫，并把它带回了家。

黄黄的到来，家里人都持反对意见，理由是这猫长得太难看了，毛色不纯不说，还又脏又瘦，也不是什么名贵的品种。只有儿子，<u>欢天喜地</u>，把黄黄看成了自己的小弟弟。

黄黄出身贫苦，从不挑食，有时我们买些很贵的猫粮和罐头，它自然吃得满足，倘若赶上便宜的猫粮，它也从不抗议，用鼻子闻一闻，照吃不误，碰上最爱吃的鱼、虾，黄黄几口吃光，没饱也绝不再要，什么时候都不失绅士风度。

和黄黄相处时间久了，才知道动物也有感情，只是它不会说话。那次过节，家里人去外地玩儿了几天，喂猫的事就请朋友帮忙。我们回来的时候，看见黄黄瞪大眼睛盯着我们看，我叫它过来，不料，它扭过脸去，满脸的不高兴。那是我第一次看见猫有表情，而且是真正地生气，黄黄肯定以为我们不要它了。朋友告诉我，我们走的这些天，只要她来喂食，黄黄就会带着她先跑进卧室，然后跳上床，冲着她喵喵叫，似乎在问，家里人都去哪儿了？

这只懂事、规矩，又有情义的猫，就这样一天天赢得了全家人的喜爱。

33. 四年前的一个周末，发生了什么事？
    A 我保证不再带宠物回家　　　　B 我在废工地发现了黄黄
    C 我去买东西结果迷了路　　　　D 我开的车坏在了半路上

34. 第 3 段画线词语"欢天喜地"的意思是：
    A 非常快乐　　　　　　　　　　B 喜欢动物
    C 热爱生活　　　　　　　　　　D 极其紧张

35. 黄黄吃东西：
    A 先闻，味好再吃　　　　　　　B 不好吃的就不吃
    C 天天都要吃鱼虾　　　　　　　D 给什么就吃什么

36. 为什么说动物也有感情？
    A 猫惦念我们全家人　　　　　　B 猫生气了就不理人
    C 猫不怕我们不要它　　　　　　D 猫对我的朋友更好

三、书 写

第 37 题：缩写。

（1）仔细阅读下面这篇文章，时间为 10 分钟，阅读时不能抄写、记录。

（2）10 分钟后，收起阅读材料，请你将这篇文章缩写成一篇短文，时间为 35 分钟。

（3）标题自拟。只需复述文章内容，不需加入自己的观点。

（4）字数为 400 左右。

    1910 年，华罗庚出生在江苏省金坛市。他小时候，家中日子过得清贫，父亲在镇上开了个小店，一家人过着半饥半饱的生活。华罗庚上初中时，对数学产生了浓厚的兴趣，他的老师王维克尤其欣赏这个聪明机灵的少年，常常单独辅导他，给他出一些难题做，这使少年华罗庚受益匪浅。

    华罗庚念完初中，家里没钱再供他上学，他只好到父亲的小店帮忙。可这位喜爱数学的年轻人，虽然人守在柜台前，心里想着的却还是数学。王维克老师借给他三本数学书：一本大代数，一本解析几何，一本微积分。华罗庚跟着这几位不会说话的老师步入了高等数学的大门。

    华罗庚 18 岁那年，在王维克老师的帮助下，到金坛中学找了个工作——会计兼管学校事务。他曾回忆当时艰难的生活："除了学校里繁重的事务外，早晚还要帮助父亲料理小店。每天晚上大约 8 点钟才能回家。清理好小店的账目之后，才能钻研数学，常常到深夜。"

    不久，华罗庚不幸染病，卧床半年，病慢慢才好，可是他的左脚却弯曲变形，落下了终身残疾。

    华罗庚在贫病之中仍然刻苦自学，不但读了许多书，还勤于独立思考，敢于向权威挑战。19 岁那年，他发现一位大学教授的论文写错了，便把自己的看法写成一篇文章，发表在上海的《科学》杂志上。随后，华罗庚又连续发表了几篇数学论文，署名"金坛人"。

    这位数学论坛上的新人引起了著名学府清华大学数学系主任熊庆来教授的注意。当他打听到这个数学奇才原来是个只读过初中的小青年时，深为震惊，便写信邀请华罗庚来清华大学数学系当管理员。

    到清华后，华罗庚进步更快了。他自学了英语、德语。24 岁时，已能用英文撰写数学论文。25 岁时，他的论文已引起国外数学界的注意。28 岁时，他当上了西南联大教授。后来，他又被熊庆来教授推荐到英国剑桥大学去深造。

    华罗庚成功了，国外数学界这样评价他："华罗庚教授的研究和著作范围之广，使他当之无愧地成为世界上名列前茅的数学家之一。"

    华罗庚一生刻苦钻研，在给人们留下了大量的研究著作的同时，也留下了他自学成才的足迹。

不甘平庸

2

学一门外语需要理由吗

一、听 力

第一部分 🔘 *05-1*

第1–5题：请选出与所听内容一致的一项。

1. **A** 他每天都学习英语

   B 他白天工作特别多

   C 他每天很晚才睡觉

   D 他晚上一直没睡着

2. **A** 头发是否变白和人的肤色有关

   B 头发变白说明人各种机能变好

   C 头发的颜色取决于黑色素的多少

   D 黑色素的多少决定着头发的多少

3. **A** 1915 年中国有了清明节

   B 1928 年中国首创植树节

   C 很多省市有自己的植树节

   D 植树节在每年的 3 月 12 号

4. **A** 盛文强从小生活在农村

   B 盛文强的作品取材海洋

   C 盛文强很会讲民间故事

   D 盛文强特别喜欢看小说

5. **A** 狗追近了，兔子才会躲开

   B 兔子看到狗就会拼命地跑

   C 兔子看到狗就会心神不定

   D 我专程去郊外看狗追兔子

第二部分 05-2

第6-10题：请选出正确答案。

6. **A** 他很受年轻人欢迎

   B 他还没工作，是个学生

   C 他的话没有太大的价值

   D 他总能从生活中受到启发

7. **A** 他在哪儿都会受表扬

   B 他的成功和读书有关

   C 他一直喜欢法国小说

   D 人长相难看心眼儿才好

8. **A** 孩子们学习太紧张

   B 家长自己就不读书

   C 孩子们没找到好书

   D 大人的方法有问题

9. **A** 读书使他喜欢上了历史

   B 每本书他都会认真读完

   C 每部小说他都会反复看

   D 父亲喜欢武侠他也喜欢

10. **A** 书当然是读得越多越好

    B 行万里路一点儿用都没有

    C 读书不在多少，关键是用心

    D 天天忙着旅游就没法读书了

第三部分　　05-3

第 11–17 题：请选出正确答案。

11. A 孩子们安静不下来

　　 B 孩子们不喜欢看书

　　 C 自己小时候没有书看

　　 D 自己小时候没钱买书

12. A 儿子对自己很反感

　　 B 儿子长大了，不听话了

　　 C 儿子长大后并不爱读书

　　 D 现在的老师不为学生着想

13. A 怎样远离电脑游戏

　　 B 怎样让心灵安静下来

　　 C 怎样克服互联网的弊端

　　 D 如何让娱乐资讯有深度

14. A 工作给别人，自己学外语

　　 B 有了充足的时间再学外语

　　 C 别人看电视时自己学外语

　　 D 多么短的时间都利用起来

15. A 有新鲜感

　　 B 有成就感

　　 C 有利于记忆

　　 D 不浪费时间

16. A 在日常生活中学习

　　 B 培养学外语的兴趣

　　 C 锻炼自己的记忆力

　　 D 和外国人多多接触

17. A 工作忙不是学不好外语的借口

　　 B 学习外语的过程也是一种享受

　　 C 只要有时间就不会学不好外语

　　 D 会"见缝插针"的人都能成功

二、阅 读

第一部分

第18-20题：请选出有语病的一项。

18. **A** 一切成功的教育必须基于爱，借助于爱，归结于爱。

 B 一个用心温暖别人的人，她自己的心也必然是温暖的。

 C 他的父亲、爷爷都是书法家，书法作品对他一点儿也不陌生。

 D 夕阳西下，我看到她正坐在门口专注地倾听着什么，脸上有种奇异的微笑。

19. **A** 听家里人说他是春节以后找到工作了。

 B 这是一本值得一辈子去学习、去研究、去实践的好书。

 C 妈妈年轻的时候有一个最奢侈的梦想，就是拥有一辆新自行车。

 D 春天，万物复苏，小草从土里悄悄地探出头来，好奇地四处张望。

20. **A** 世界各国民航部门都对商业无人机的滥用挠头不已。

 B 我的家乡物产丰富、风景秀丽，被人们称为"草原明珠"。

 C 他比过去成熟了，知道身体健康的重要性，更懂得约束自己。

 D 念大学的时候，我常跟朋友去游泳，其实我并不喜欢游泳，只是凑个热闹。

第二部分

第 21-23 题：选词填空。

21. 她的教育人生，如果用一个字来_____，那就是"爱"。有了"爱"，她就有了无限的精力、无限的_____、无限的事业_____。

   A 总结　　本领　　动能　　　　　**B** 概述　　技能　　能量
   C 概括　　才能　　动力　　　　　**D** 包括　　才华　　能力

22. 幸福是什么？_____很重要，但仅仅"够用"就可以了。北欧人的幸福感，更多来源于简约、自然、平和的_____以及家庭的温暖、个人的_____，而这些是我们可以学会，可以身体力行的，也是我们自古以来_____倡导的。

   A 物质　　心态　　努力　　一直　　　**B** 物资　　心理　　勤劳　　从来
   C 东西　　想法　　奋斗　　不停　　　**D** 财物　　态度　　尽力　　不断

23. 中华鲟是古老的_____鱼类，现今仅在中国长江流域_____有分布。曾有外国人希望将它_____到自己的国度安家落户，但中华鲟总要洄游到故乡的江河生儿育女，所以人们给它_____"中华"二字。

   A 珍视　　且　　转移　　加上　　　**B** 珍稀　　尚　　引进　　冠以
   C 珍重　　仍　　搬家　　命名　　　**D** 爱惜　　犹　　移民　　起名

第三部分

第24-28题：选句填空。

2400多年前，有个叫曾子的人，他16岁拜孔子为师，勤奋好学，（24）_____。

曾子不仅有学问，（25）_____，即使对孩子，也是一样。一次，曾子的妻子要到街上去买东西，儿子哭闹着要跟着去。妻子对儿子说，（26）_____，好好待在家里，回来就杀猪给他炖肉吃。孩子以为母亲说的是真的，就不闹了，在家里安安静静地等着。

妻子买东西回来，一进门就看到曾子已经拿出了刀，做着杀猪的准备。妻子吓了一跳，赶忙说："你真的要杀猪吗？我没跟他说实话，（27）_____，我没真想把家里的猪杀了呀。"曾子认真地说："我们的行为会影响孩子，如果我们说话不算数，（28）_____，我们就会把孩子教育成不诚实的人。"妻子听了曾子的话，觉得有道理，于是，帮着丈夫把猪杀了，做了一顿丰盛的晚餐。

A 做人诚实也是出了名的

B 无非是为了哄孩子不要哭闹

C 是春秋时期的著名学者

D 孩子会跟我们学

E 只要他不闹

第四部分

第 29-36 题：请选出正确答案。

29-32.

精通古汉语，对外文完全是门外汉的林纾是中国著名翻译家，近代文学翻译的开创者，正式译介西方文学的第一人。他以"耳受笔追"的方式，与留洋学子合作，翻译了 11 个国家 107 位作家的作品，对引进西方文学和促进中国社会文化的进步做出了巨大贡献。

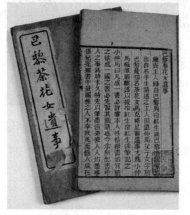

林纾有个朋友叫王昌寿，曾赴法留学 6 年，精通法语。他常给林纾讲外国名著，每次林纾都听得津津有味。一来二去林纾喜欢上了西方文学，并产生了将其翻译给国人的念头。林纾想虽然自己看不懂外文，可是搭上王昌寿，俩人就没啥做不成的。于是二人达成协议，合作翻译法国名著《茶花女》，办法是王昌寿口译，林纾记录并成文。那时，人们常看到这样一幅景致：王昌寿面前搁着本原著，边浏览，边口述；林纾耳聪手疾，文思如泉涌，经常是王昌寿说完一句的同时，林纾就已经挥笔成文了。半天下来，两人能译出 6000 多字。1899 年夏天，中国首部翻译小说《巴黎茶花女遗事》公开发售。一时间，阅读翻译小说成了社会风尚，众人争相抢阅。此后的 27 年里，林纾与魏易、陈家麟等留学归来的才子合作翻译了 160 余部外国名著，这些小说向中国民众展示了丰富的西方文化，开阔了人们的视野。

除翻译外，林纾还是一位深受读者欢迎的作家，他接连发表的长篇小说和一系列短篇小说生动地反映了当时的社会现实，深受读者喜爱。此外，林纾还是一位不错的画家，他 23 岁拜师学画，绘画成就不亚于文学创作和翻译。

29. 根据第 1 段可以知道，林纾：
    A 一点儿外语也不会   **B** 把古汉语翻译成了外文
    C 曾经去过十多个国家   **D** 促进了西方文学的发展

30. 根据第 2 段可以知道：
    A《茶花女》是林纾、王昌寿合写的 **B** 1899 年中国出版了第一本翻译小说
    C《巴黎茶花女遗事》一出版就被抢光 **D** 1899 年之后，中国出了很多翻译家

31. 第 2 段画线词语"耳聪手疾"的意思是：
    A 手有问题了   **B** 耳朵听不见了
    C 耳朵很好手不行   **D** 耳朵也好手也快

32. 通过最后一段我们还知道，林纾：
    A 尊重每一位读者   **B** 喜欢看各类小说
    C 23 岁时教过画画儿   **D** 画画儿不比写作差

33–36.

　　不少工作繁忙、不希望把学习过程拖得太长的中国人，都希望能在短时间内学会英语。有人提出过这样的问题，"英语速成"可能吗？

　　如果我斩钉截铁地告诉你，到现在为止没有例子能够证明在一年之内可以做到听说读写没问题，请你不要失望。因为对于中国人来说，英语是一门外语，从什么都不会到能够听、说、读、写，是一个必须按照学习规律一步一个脚印走过的过程，期间没有近路可走。

　　如果让我为你策划学习方式，我想告诉你，学英语首先要以最严格的要求，从基础知识抓起，要学好每一个词、每一句话，之后再谈提高和强化。学习中要先把课本知识学好，把课本内容掌握得滚瓜烂熟之后，再去光顾课外材料，这种看起来在基础知识上耽误了时间的笨方法，倒有可能使你收到事半功倍的效果。

　　其次，不要把心思放在应试技巧上，梦想依靠所谓技巧在短期内通过某种考试。虽然一些技巧对某些人的命运能够起到决定性作用，但离开考场以后，所谓的技巧却没有任何实际应用价值。学习英语的根本目的在于应用，因此学习英语的每一个环节都应着眼于实际能力的培养与提高。

　　另外，一种很好的学习方法就是"听写录音"，把你听到的英语记录下来，可以让你清楚，你什么地方听不懂、写不出，让你直观地感受到你的不足在哪里，你也就找到了真正的出发点。经过努力，就能听懂了、写对了，你取得的进步也是实实在在的。如此这般，英语水平自然会日渐提高，最后顺利到达终点。

33. 什么样的人希望学习"速成英语"？
　　A 自认为聪明过人的人　　　　　　**B** 做事随意不善计划的人
　　C 了解外语学习规律的人　　　　　　**D** 想在短时间学会英语的人

34. 学英语最重要的方法是什么？
　　A 记住单词　　　　　　　　　　　　**B** 背诵句子
　　C 打好基础　　　　　　　　　　　　**D** 看课外书

35. 关于应试技巧，作者认为：
　　A 掌握应试技巧很重要　　　　　　　**B** 学应试技巧很费时间
　　C 靠应试技巧学不好英语　　　　　　**D** 应试技巧在生活中有用

36. 作者认为一种很好的学习方法是什么？
　　A 边听录音边写下听到的英语　　　　**B** 反复听录音中听不懂的地方
　　C 善于发现自己学习中的弱点　　　　**D** 每天都能感受到自己的进步

一、听 力

第一部分 06-1

第1–5题：请选出与所听内容一致的一项。

1. **A** 张越曾经很敬业

   B 张越很喜欢旅游

   C 张越家有地下室

   D 张越渐渐成熟了

2. **A**《柳叶刀》是一本生活杂志

   B《柳叶刀》传授一系列保健知识

   C 生活水平低仍然在威胁人类健康

   D 人类死亡原因之一是身体活动水平低下

3. **A** 菊花原本是野生植物

   B 很多家庭都喜欢种菊花

   C 资深画家都喜欢画菊花

   D 中国出过很多菊花邮票

4. **A** 我的朋友很喜欢讲故事

   B 40年前三毛就想去非洲

   C 三毛是我40年前认识的朋友

   D《撒哈拉的故事》的作者是三毛

5. **A** 网络语言不适用于严肃场合

   B 原始语言被边缘化是必然的

   C 网络语言已经步入了现实生活

   D 网络语言在现实世界不受欢迎

第二部分　💿 06-2

第 6-10 题：请选出正确答案。

6. **A** 他以前做过美容

　　B 美容业比较落后

　　C 美容行业很开放

　　D 人类天生就爱美

7. **A** 努力学习美容技术

　　B 到全国各地去旅行

　　C 克服自己公司的弱点

　　D 吸取其他公司的优点

8. **A** 从业人员不稳定

　　B 从业人员收入低

　　C 从业人员不爱读书

　　D 美容业收费不公道

9. **A** 注重员工技能的考核

　　B 注重员工心态的培养

　　C 注重员工的工作效率

　　D 培养员工的做事能力

10. **A** 虚心做人，认真做事

　　B 对自己的缺点零容忍

　　C 有自己独特的经营之道

　　D 对美容业改革情有独钟

第三部分 06-3

第 11–17 题：请选出正确答案。

11. **A** 公而忘私

    B 人格独立

    C 敢于冒险

    D 真诚善良

12. **A** 保证自己不被传染

    B 传授病人生存技巧

    C 鼓励病人战胜疾病

    D 一心想把病人治好

13. **A** 做医生非常辛苦

    B 想做医生的人很少

    C 说话人也想做医生

    D 医生都是有理想的

14. **A** 这次要招 5 个人

    B 不太重视应聘者

    C 以管理严格闻名

    D 复试内容非常难

15. **A** 很愿意与老总交流

    B 各个修养都非常好

    C 发言特别能打动老总

    D 不敢指出老总的过错

16. **A** 不懂得尊重别人

    B 迟到是他的习惯

    C 特别设计了复试题目

    D 不爱听别人的批评意见

17. **A** 不珍惜这次招聘机会

    B 受不了别人怠慢自己

    C 认为是对的就去坚持

    D 认为公司的风气不好

二、阅 读

第一部分

第 18-20 题：请选出有语病的一项。

18. **A** 这座古老的磨坊完好地保存着昔日的工作景象。

   B 挫折与苦涩的道路，使他变得超乎常人的坚强。

   C 我一直觉得蜻蜓是很美的，和蝴蝶一样，是大自然的精灵。

   D 世界上最公平的事在于：聪明人洋洋自得，糊涂人也不认为自己差多少。

19. **A** 我的生活中有很多令我满意的事情，我现在很满足。

   B 这是我第一次面对这么多人演讲，坦率地说，非常紧张。

   C 她的表演感染了观众，她的声音也像她的穿戴一样，银铃般美丽。

   D 成功人士都会告诉你，什么时候都不能没有梦想，没有梦想就不会成功。

20. **A** 对新事物渴望的反面，便是对旧事物的厌弃。

   B 聚会时我认识了一对男女，大家越聊越有相见恨晚之感。

   C 我坐在街角的咖啡馆，一边饮咖啡，一边观赏着形形色色的行人。

   D 你有发现一个有意思的现象吗？大家聚到一起，抱怨的话题总是最多的。

第二部分

第 21-23 题：选词填空。

21. 随着受教育者学习自觉性和知识、能力的＿＿＿＿＿，他们可以在越来越大的＿＿＿＿＿上，主动自觉＿＿＿＿＿知识。

A 增长　　程度　　获取　　　　　　B 增进　　范围　　记取
C 扩大　　水平　　学习　　　　　　D 扩充　　领域　　获得

22. 科学的发展史，也是一＿＿＿＿＿思维的发展史。在人类的社会实践中，正是思维＿＿＿＿＿了客观世界的真实情况，从而＿＿＿＿＿了科学的发展。而科学的发展，对人类的思维提出了更高的要求。这就是人类的思维从低级到高级、从简单到复杂、从具体到抽象的发展＿＿＿＿＿。

A 段　　展示　　促进　　经过　　　B 本　　显示　　促成　　过程
C 部　　提供　　推动　　历程　　　D 篇　　体现　　鼓励　　进程

23. 三元桥＿＿＿＿＿于 1984 年，初建时称牛王庙桥。＿＿＿＿＿后来改称三元桥的原因，如今已是说法各异。一说是因挨着三元庵，故名；也有人说三元桥＿＿＿＿＿水源八厂，在三条路的＿＿＿＿＿处，便叫"三元桥"了。

A 建筑　　以至　　左近　　交接　　B 始建　　至于　　临近　　交会
C 建立　　至今　　相近　　连接　　D 创建　　倒是　　靠近　　相连

第三部分

第 24—28 题：选句填空。

管宁和华歆年轻的时候是一对非常要好的朋友。他俩整天同吃同住，形影不离。一次，两人一起在菜园里翻地，管宁翻出一块硬东西，仔细一看，是一块闪闪发光的金子。管宁自言自语道："（24）_____，原来是块金子。"接着，就继续干他的活儿去了。"什么？金子！"不远处的华歆立刻跑了过来，捡起金块拿在手里舍不得放下。管宁劝华歆说："（25）_____，不应该不劳而获。"华歆听了，说："这个道理我也懂。"可还是拿着金子不放手。

又有一次，他们两人坐在一张席子上读书。正看得入神，外面热闹起来，（26）_____，管宁却像什么都没听到一样，继续读书。原来外面有位大官乘着豪华的车子从这里经过。华歆完全被吸引住了，他觉得在屋里看不清楚，（27）_____。

看到华歆的所作所为，管宁再也忍不住了。等华歆回来以后，管宁拿出刀子把他们二人的席子从中间划开，一分为二，并对华歆说："（28）_____。从今以后，我们就像这草席一样，再也不是朋友了。"

A　钱财应该靠自己的劳动获得

B　我们两人的志向和情趣太不一样了

C　干脆跑到街上去看

D　我当是什么东西呢

E　华歆走到窗前去看究竟发生了什么事

第四部分

第 29-36 题：请选出正确答案。

29-32.

　　王大海认为自己是个不走寻常路的人，他只选择自己感兴趣的东西。因为父母都经商，他从小受家庭影响，最大的愿望就是快速进入社会。他喜欢跳跃的生活方式，按部就班的高中生活不适合他。职业高中对他来说是最合心意的乐土：专业是他喜欢的计算

机，有一群动手能力强又好玩儿的朋友，连老师都是朋友式的，完全没有高中那种紧张的气氛。

　　毕业时，王大海已经拿到了 IBM 网络工程师资格证书。但求职时，应聘单位只让他做销售，拿着证书的王大海觉得这些单位简直就是欺负人，心里说："我是 IBM 工程师啊！"他根本看不上销售工作。于是，他和几个同学一商量，决定开家网络工作室。可是短短三个月工作室就经营不下去了。因为五个人个性都很强，他们的意见常常无法统一。这时王大海才明白，他们和社会离得还太远。

　　再次进入公司，王大海明白自己该做什么了。为了尽快熟悉业务，他加班加点，成天在公司忙碌，他勤奋努力，凭自己的能力解决问题，很快就成了部门负责人，一路顺风做到主管。之后，他跳槽到了一家更好的公司，不久就成了公司最优秀的人才。再次求职，王大海的目标是他向往已久的某知名企业。经过不懈的努力，王大海如愿成为公司最年轻的副总。就在别人看来他正如鱼得水的时候，王大海却决定辞职，因为他的梦想一直是有一家属于自己的公司。

29. 关于王大海，下列哪项正确？
　　A 与一般人不太一样　　　　　　　　B 做选择时听父母的
　　C 希望社会快速发展　　　　　　　　D 从小就很希望读书

30. 适合王大海的学校有什么特点？
　　A 学生们体育都是强项　　　　　　　B 老师和同学都爱聊天儿
　　C 天天都能玩儿计算机　　　　　　　D 不同于规规矩矩的高中

31. 刚毕业时的王大海：
　　A 没拿到资格证书　　　　　　　　　B 看不上销售工作
　　C 与搭档们合不来　　　　　　　　　D 不懂看眼色行事

32. 根据最后一段可以知道：
　　A 王大海天生就是当领导的材料　　　B 王大海工作努力，不计较时间
　　C 王大海干不下去了，就换公司　　　D 王大海想开办一家养鱼的公司

33–36.

　　某日无聊，我在电脑中搜索自己的姓名，结果吓了一跳，居然有 160 万条！母亲说，当年她给我哥起名的时候，头脑中闪过"光明磊落"这个成语，就用了其中的"磊"字；四年之后，轮到给我起名，就用了"明"字。母亲唯独没有想到，我的名字会这么受欢迎。

　　参加工作不久，另一个单位招聘，举行公开录用考试。新单位职位好，有前途。我考试成绩优秀，只等喜讯传来，走马上任。可时间一天天溜走，好消息却迟迟不来，直到发现成绩不如我的人都报到了，我才打听到，领导研究录取名单时，发现单位中现有的一人与我重名，担心在以后的工作中会带来不便，说了句："年轻人，机会多得是，让他等下次吧。"我的美好前程就这样付之东流了。

　　又一次，我调动工作，所有的手续都办完了，发工资的日子，却发现工资卡上没有钱。我跑去责问会计，她满脸委屈，说我的工资明明转入了银行账户，半点儿差错都不会有。再去银行查对，老半天才找出原因，原来工作人员忙中出错，将我的钱转入了另一个人的工资账户。那人的名字与我音同字同，不差分毫。

　　女儿出生时，深受同名之苦的我决心给她起个与众不同的名字。我绞尽了脑汁，找到两个读音优美、有意境、笔画也不复杂的汉字：珮汍。上户口的时候，户籍警察在电脑里翻找了半天，告诉我这是两个生僻字，字库里没有，打不出来。我犹豫再三，只好改用两个常见的同音字来代替：佩风。女儿长大了，无数次质问我，她的名字为什么如此奇怪，两个字的组合毫无意义，我敷衍地笑笑，懒得旧事重提。不过，这个名字也有好处，起码到现在，我还没发现有同名者。

33. 我没被新单位录用的原因是：
　　A 160 万人和我名字相同　　　　　B 我上班的第一天迟到了
　　C 领导担心重名会带来麻烦　　　　D 录用指标希望留给年轻人

34. 根据第 3 段可以知道：
　　A 调动工作的手续很复杂　　　　　B 我的工资错给了重名者
　　C 我的工资的确没有发错　　　　　D 忙不是工作出错的理由

35. 我原本给女儿起的名字：
　　A 遭到户籍警察的投诉　　　　　　B 有意境但读着不美
　　C 字少见，电脑里没有　　　　　　D 我喜欢，女儿不喜欢

36. 上文主要谈的是：
　　A 起个好名字不容易　　　　　　　B 名字不好就应该改
　　C 我的名字起得太草率　　　　　　D 重名给我带来的烦恼

我的人生我做主

一、听 力

第1–5题：请选出与所听内容一致的一项。

1. A 古人的话未必有道理

　 B 说话人脑子里没故事

　 C 说话人家里只有电脑

　 D 说话人有本急救手册

2. A "我"很欣赏父亲的生活

　 B 父亲的生活非常丰富多彩

　 C 父亲影响了"我"的工作

　 D "我"忙得身体和心都累

3. A 他是一位天才

　 B 老板很喜欢他

　 C 社会很关注他

　 D 他很有同情心

4. A 有部电影名为《城南旧事》

　 B 英子是《城南旧事》的作者

　 C 写《城南旧事》的是个孩子

　 D《城南旧事》写的是 2003 年的事

5. A 小李一辈子都比别人走运

　 B 人年轻时没有不犯错误的

　 C 常常旅行能明白很多道理

　 D 小李能从失败中吸取教训

第二部分　　07-2

第6-10题：请选出正确答案。

6. **A** 他要采访一位老牌作家

　　B 他好久没有采访明星了

　　C 他的采访对象非同一般

　　D 他一直在关注采访对象

7. **A** 她认为自己擅长写小说

　　B 她认为打排球更伤脑筋

　　C 写小说会背负更多压力

　　D 好奇心使她选择了科幻

8. **A** 她勤奋好学，热爱读书

　　B 她有运动员不屈的性格

　　C 有没有可能她都会拼搏

　　D 打排球的经历给她机会

9. **A** 她的书出版了

　　B 她的书获奖了

　　C 她终于成了名人

　　D 她做了自己想做的事

10. **A** 她会对自己的选择负责

　　B 她担心不能去奉养父母

　　C 她顾虑没有稳定的收入

　　D 她担心不再有医疗保障

第三部分　💿 07-3

第 11–17 题：请选出正确答案。

11. A 看望教授
    B 请教问题
    C 教授请客
    D 开茶话会

12. A 显示他的杯子多
    B 平复学生的怨气
    C 给学生讲道理
    D 没有特殊目的

13. A 有得有失是很正常的
    B 难看的东西没人喜欢
    C 塑料杯子最不受欢迎
    D 现代社会的压力太大

14. A 什么事情都没做成
    B 为父亲的缺陷难过
    C 就喜欢看各种杂志
    D 只有一位好朋友

15. A 他听说拿破仑的儿子在美国
    B 他得到了拿破仑使用的字典
    C 他愿意相信自己是名门之后
    D 他发现自己的英语其实很棒

16. A 他努力纠正英语的发音
    B 他换了一个又一个工作
    C 他只选意志超群的职员
    D 他有了一家自己的公司

17. A 亨利最后学好了英语
    B 没有自信就不可能成功
    C 亨利的确是拿破仑的后代
    D 很多人想到亨利的公司就业

二、阅 读

第一部分

第 18-20 题：请选出有语病的一项。

18. **A** 人类最大的敌人是自己，我们需要战胜的也是自己。

 B 小时候，每当盛夏时节，我都会和小伙伴们到这里游泳。

 C 不管这样的推介效果如何，但中国文学走出去总算是有了一个开始。

 D 那时候，我爱好写作，业余时间就写些散文、小说、报告文学之类的东西。

19. **A** 那一年，我上了大学，要离开家去住学校了。

 B 生活中那些有着和她一样逻辑思维的人和事，难道还少吗？

 C 他于 1235 年开创了法医鉴定学，因此被尊为世界法医学鼻祖。

 D 爸爸早年喜欢玩儿手风琴，退休后想重拾旧爱，可是已经抱不动沉重的琴了。

20. **A** 月光下，我们边走边聊，不知不觉就走了十几里左右。

 B 尽管如此，他依然表现得很平静，没有任何激动的言行。

 C 菠萝炒熟，煮糖水或者泡盐水食用，可去除口腔麻痹、胃肠不适感。

 D 咖啡之所以提神，是因为它所含有的咖啡因具有刺激人交感神经的作用。

第二部分

第 21–23 题：选词填空。

21. 中国剪纸具有_____的群众基础，是一种百姓_____的艺术品，大家用它来装点生活。中国剪纸饱含着丰富的文化历史_____，表达了广大民众的美学情趣。

    A 可靠   疼爱   消息   **B** 宽广   热爱   内容
    C 广泛   喜爱   信息   **D** 无边   爱好   形式

22. 教育对人的发展起着重要作用，_____随着社会的发展，科学技术的_____进步，教育对人的发展所起的作用越来越_____。在现代社会生活中，很难_____一个没有受过系统教育的人能够做好工作。

    A 并且   日益   明显   设想   **B** 尚且   渐渐   清楚   预想
    C 从而   继续   显然   构想   **D** 进而   一直   明确   猜想

23. 要想美丽和健康，比外部_____更重要的是练"内功"，意思是说你要更重视在身体内部_____。你可以把自己的脸想象成一件美丽的衣服，_____它的外层看上去有多么漂亮，如果内层做得不合适或是不平整，衣服还是穿不出_____。

    A 修饰   下功夫   不管   效果   **B** 打扮   花力气   就是   结果
    C 装扮   搭时间   好在   后果   **D** 美容   伤脑筋   并非   风光

第三部分

第 24-28 题：选句填空。

小张到一家大公司应聘公关经理，进门时，（24）_____，顿时手中的资料散落一地。小张不慌不忙地一一捡起，微笑着走到董事长面前坐下。

董事长显然对他的从容不迫很好奇，问他，（25）_____？小张微笑着回答："在人生的旅程中，常常会有类似刚才这样意想不到的事情发生，而这些事情产生什么样的结果，很大程度上取决于我们是以何种态度去面对。（26）_____。通常我不会以消极的态度去面对，以致事后悔恨；我会以从容、积极、正面的态度去面对，只要尽了力，我就不太在乎结果怎么样。因为很多事情的结果，我们都无法控制。（27）_____，结果是在董事长您的手中啊。"

不久后，小张接到了录取通知。（28）_____，意思是说，小张摔了一跤之后应付得当，才被录取。如果不摔那一跤，说不定没有机会展现出他的危机处理能力。

A 不同的态度会产生不同的结果

B 董事长开玩笑说他是一跤摔进公司的

C 他竟然一跤摔进了屋子

D 你觉得这样的事情会影响你的面试成绩吗

E 如同今天这件事

第四部分

第 29-36 题：请选出正确答案。

29-32.

这几年不少年轻朋友来找我，询问如何应对人生或职场所面临的困难。我通常会问："你的长期目标是什么？"虽然这是个平淡无奇的问题，可是竟然有九成的人答不上来。这就怪了，一方面想问路，另一方面却不知道自己最终想去哪里。

这其中我发现大部分人选择工作的方法是拍拍脑袋想一想，什么行业最热门就往哪里走，并不曾想过自己往那样的方向去到底是为了什么。我通常会追问他们："你为什么从事现在的工作？"大部分人说："因为念了这个专业，可是干了几年，发现自己不是很喜欢这个领域，成就感也不高，薪水也不满意，所以就很不称心如意了。"这些人当中的大部分会问我，"我是不是该去读硕士？""该不该拿个博士？""去考公务员好吗？""我该换到什么新领域去？"总觉得一定有条快速路通往理想之国，只要找别人问一问，换线开上去就能平步青云了。

其实职场痛苦，通常都是来自于不知道自己的人生目标是什么，不知道自己要什么，致使每次尝试到最后都是痛苦。因为从没有对自己的人生大方向做过深入的思考，就会把钱多不多、同事烦人不烦人、老板是否好相处等问题放大来看，稍有不如意，就觉得是天大的委屈，甚至面对这样的问题会感到束手无策。相反，如果你确曾深思熟虑过自己的人生大目标，首先，你不会动不动就想换条路，其次，你不会碰上一点儿细枝末节的问题就备感挫折。

29. 根据第 1 段，下列说法正确的是：
    A 迷路是很多人经常碰到的问题　　B 大家的人生目标都差不了多少
    C "我"的朋友在工作中碰到了困难　　D 90% 的人没想过人生目标的问题

30. 根据第 2 段可以知道：
    A 很多人选工作没经过深思熟虑　　B 选择工作不能光考虑收入多少
    C 大部分人认为当公务员也不错　　D 有人觉得多读些书就有好工作

31. 职场痛苦的根源是什么？
    A 同事和老板很不好相处　　B 没想过人生目标的问题
    C 日常不顺心的事情太多　　D 个人缺乏解决问题的能力

32. 上文的主要观点是：
    A 人生规划是最重要的问题　　B 对入职单位的考察要慎重
    C 过于计较就永远不会满意　　D 能否碰上好单位全靠运气

33–36.

有人捡到一只小鸟，就将它带回了家里。孩子将小鸟与小鸡放在一起。慢慢地，小鸟长大了，人们才发现，它原来是一只鹰。虽然这只鹰和家里的鸡相处得很好，但周围总有人家里丢鸡，有人怀疑是这只鹰吃了鸡，强烈要求主人将鹰处死。这家人舍不得，但迫于压力，主人决定放生这只鹰。

主人把鹰带出村子放了，没一会儿它就回来了。第二次主人坐车带它走了很远很远，没出两天它又回来了。第三次主人将鹰带到了高山上，面对深渊将鹰扔了下去。一开始鹰直直地向下落，突然它展开了翅膀，奇迹般地飞了起来，而且越飞越高，越飞越远，再也没有回来。

鹰本来是有翅膀的，能飞很高很远，但是，混在鸡群里，它就被同化了。没有经过锻炼，又依恋温暖舒适的家，渐渐地，就失去了翱翔蓝天的勇气和信心。要是没有人将它扔下山崖，它永远不可能飞上蓝天，寻找属于自己的世界。

美国作曲家乔治·格什温从没有写过交响曲。当时美国最著名的指挥家认定他是个写交响曲的高手，邀请他为交响乐团写一部曲子。格什温声称自己不会，不肯从命。这位指挥家竟然在报纸上登了一则广告，说20天后，音乐厅将上演格什温的交响乐《蓝色狂想曲》。格什温看到广告气坏了，质问指挥家为何令他出丑，指挥家微笑着说，反正全城人都知道了，你看着办吧。格什温没办法，只好把自己关在屋子里，硬是用两周的时间，完成了这部作品。结果演出大获成功，格什温的名气迅速传遍美国。

人和鹰一样，不把自己逼上绝路，永远不会知道自己有多么能干！

33. 主人要放掉这只鹰的原因是：
    A 鹰偷吃了小鸟   **B** 邻居们意见大
    C 鹰吃家里的鸡   **D** 邻居们害怕鹰

34. 主人放鹰的事情说明什么？
    A 鸡的生活安逸、舒适   **B** 鹰跟主人的关系很好
    C 鹰跟主人学会了飞翔   **D** 放生的鹰找回了蓝天

35. 作曲家乔治·格什温：
    A 做事认真，做人谦虚   **B** 什么事都是逼急了才去做
    C 是《蓝色狂想曲》的作者   **D** 有位长得很丑的指挥家朋友

36. 根据上文，下列哪项正确？
    A 鹰是非常凶猛的动物   **B** 指挥家做事特别急躁
    C 指挥家看错了格什温   **D** 面对绝境能创造奇迹

一、听 力

第一部分 💿 08-1

第1–5题：请选出与所听内容一致的一项。

1. **A** 青少年触犯刑法也要惩罚

   B 对受到惩罚的人更要关心

   C 惩罚会给人带来极大的伤害

   D 惩罚就是为了造成心理压力

2. **A** 机器人是外形像人的一种机器

   B 想指挥机器人必须先编好程序

   C 机器人可代替人进行危险作业

   D 机器人迟早要取代人类

3. **A** 进口的手术材料比较便宜

   B 进口的手术材料材质不好

   C 张医生发明了一种新材料

   D 张医生手术技术全国闻名

4. **A** 人脑消耗的能量非常少

   B 人的血糖浓度低很危险

   C 为了大脑健康要多吃糖

   D 血糖浓度过高人会昏迷

5. **A** 李小龙 33 岁就辞世了

   B 李小龙崇拜"功夫之王"

   C 李小龙的电影是个神话

   D 李小龙对功夫十分狂热

第二部分 　　 08-2

第6–10题：请选出正确答案。

6. **A** 男的生了重病

　 B 男的准备结婚

　 C 妻子不高兴了

　 D 男的出了新书

7. **A** 卖掉房子、车子

　 B 放弃优越的生活

　 C 拒绝在医院治疗

　 D 远离社会的尊重

8. **A** 医生都特别不会说话

　 B 再也不想喝上海的水

　 C 很多人听不懂上海话

　 D 妻子决定要离开上海

9. **A** 可以思考哲学问题

　 B 可以不受外界干扰

　 C 可以比城里人少生病

　 D 可以吃到鲜美的桃子

10. **A** 他很爱他的妻子

　 B 他不愿和人打交道

　 C 他是有影响的哲学家

　 D 他把妻子的事写成了书

第三部分　　🔊 08-3

第 11–17 题：请选出正确答案。

11. **A** 空间碎片

　　B 失效卫星

　　C 火箭残片

　　D 废弃航天器

12. **A** 碎片重量过大

　　B 每年大量增加

　　C 数量多，速度快

　　D 会经常撞击地球

13. **A** 减少发射人造卫星

　　B 了解太空垃圾的危害

　　C 提高思考问题的能力

　　D 维护外层空间的清洁

14. **A** 让孩子多玩儿

　　B 让孩子锻炼身体

　　C 让孩子劳逸结合

　　D 让孩子集中注意力

15. **A** 不断提高做事的效率

　　B 刺激大脑，促其灵活

　　C 多向能力强的人学习

　　D 克服脑力不足的缺陷

16. **A** 灵魂的觉醒

　　B 人格的魅力

　　C 正义的力量

　　D 人生的本质

17. **A** 身体健康是最重要的

　　B 谁都不能不相信科学

　　C 离开科学我们寸步难行

　　D 大脑如何得到最好地发挥

二、阅 读

第一部分

第 18-20 题：请选出有语病的一项。

18. **A** 猫咪抬头看看我，一双绿色的眼睛流露出淡淡的哀怨。

    B 车坏了，我俩心里都明白，这辆车被人修不好我们就走不了。

    C 每到烈日炎炎的盛夏，沙漠吹来的热风都会把这里变成一个大蒸笼。

    D 我觉得无论什么猫都是胖一点儿好，圆滚滚的，看着舒服，摸着也舒服。

19. **A** 大家不用担心，估计明天的天气肯定很好。

    B 马继兴一生埋头读书，勤奋笔耕，60 多年出版专著 20 余部。

    C 就是在这个论坛上，他第一次尝到了与人交流分享爱好的乐趣。

    D 大兴安岭的秋色，南疆的戈壁、草原、雪山，都是中国最美的景色。

20. **A** 有人为追求浪漫，在屋子里安装上许多彩灯。

    B 从广义上讲，濒危动物泛指珍贵、稀有的野生动物。

    C 她着装简洁，言谈高雅，第一次见面，我被她的美所深深吸引了。

    D 我是个随性的人，我不喜欢的事就不干，只要喜欢，玩儿了命也要往里钻。

第二部分

第 21-23 题：选词填空。

21. 人类有_____的感觉器官，能眼观六路，耳听八方，通过听觉、视觉、触觉等反映_____现象，认识客观事物，这就为大脑这个加工车间提供了形成语言的_____。

A 敏感	当时	见解	
C 灵活	实际	材料	
B 敏锐	现实	原料	
D 聪明	更新	资料	

22. 我今年 16 岁，_____是无忧无虑的年龄，可我却整天愁眉不展。我很小的时候，爸爸就教育我要好好学习，将来考大学，可我只对音乐_____。我一心一意只想报考艺术学校，全家只有爸爸坚决不_____，其他人都不_____。

A 确信	出神	答应	否认
C 本来	走神	认同	抗议
B 原来	入迷	批准	阻止
D 本该	着迷	同意	反对

23. 坎儿井是沙漠地区一种_____的灌溉系统，普遍应用于中国新疆吐鲁番地区。坎儿井与万里长城、京杭大运河_____为中国古代三大工程。吐鲁番的坎儿井_____达 1100 多条，全长_____5000 公里。

A 特定	起名	数量	达
C 特别	简称	总量	计
B 特殊	并称	总数	约
D 奇特	合称	条数	共

第三部分

第 24–28 题：选句填空。

Geminoid F 被视为当前高度仿真机器人中最优秀的作品，（24）_____，甚至有人称赞"她"是世界上最性感的美女机器人。她可以识别对方的眼神和身体语言，甚至模仿对方的面部动作。

（25）_____，她身高 1.68 米，皮肤由柔软的硅胶制成，肤色逼真度极高。她能通过视觉系统读懂人类的面部表情并成功复制，具有微笑、皱眉等 65 种不同的面部表情，还可以像真人一样发声、对话和唱歌。（26）_____，远看就是一位活生生的美丽女子。

机器人的研发者说，现在，大部分语音识别系统还不能很好地工作，（27）_____，未来，他们希望借助这款机器人研制出更完美的人工智能系统。他们希望这款机器人能让科技离主流人群更近，（28）_____。

A 最终"飞入寻常百姓家"

B 也是目前方兴未艾的情感机器人领域的优秀代表作

C 这个美女机器人的原型是一名 20 多岁的日俄混血女模特

D 尤其是在杂乱的环境下

E 她的呼吸似乎都与真人无异

第四部分

第 29-36 题：请选出正确答案。

29-32.

我家附近有几家卖婴幼儿物品的商店，商品的种类、价格相差无几。只是大家差不多都喜欢中间的那家，进去后质量、价格一概不问，直接拿东西付钱。那家小店跟别的店没什么区别，唯一不同的是店门口台阶上摆着好些花。花盆不是破了沿儿的塑料盆，就是没了盖儿的茶壶，再不就是装过东西的塑料桶剪去了上半部分，反正没几个正经花盆，基本都是废品利用。花儿也不怎么名贵，都是一些插在土里就能活的品种，可是店主每天都亲自把花草打理得干净、清爽、水灵。

我和朋友们曾经讨论过这家店聚集人气的原因，朋友们看法不一。有的说，爱花的人一定心地善良，这样的人断然不会也不忍用假货欺骗顾客。有的说，看着满台阶的花就知道店主一定热爱生活，以诚待客，他卖的东西我信。虽然这两种说法都是推测，但也不无道理，不瞒你说，我每次走到这条小街，都会被这家店洋溢着的生活气息所吸引，经常会不由自主地走进这家店，也许就是因为生活中任何人都喜爱美好的事物吧。

29. 关于"我"家附近的几家商店，下列哪项正确？
   A 价格差别很大　　　　　　　　B 质量不用担心
   C 有一家最受欢迎　　　　　　　D 商品的来源不同

30. 关于中间的那家店，下列哪项正确？
   A 店里同时还卖花　　　　　　　B 店中没有服务员
   C 店主勤劳爱干净　　　　　　　D 东西价格最便宜

31. 文中提到的花盆和花，下列哪项正确？
   A 花盆的形状很有趣　　　　　　B 花盆都是废旧物品
   C 花的价格出奇的贵　　　　　　D 花都是请人打理的

32. 大家对这家店的看法，下列哪项正确？
   A 店主一定不骗人　　　　　　　B 店主很会做生意
   C 店主的做法没道理　　　　　　D 店主很有人格魅力

33–36.

　　世间万物都在变，一点一点细微地变，等到哪一天你突然发现它已经有了翻天覆地的变化的时候，你可能会在大脑中反复搜寻，希望抓住它的演变过程，可是你找不到，呈现在你脑海中的就是那个以前的它和如今让你感到陌生的崭新的它。无论是人、物或环境都在改变。人的性格会变、观念会变、长相会变；物的形会变，环境更是每时每刻都在变。我有时常想：到底是人改变了环境，还是环境改变了我们……

　　暮春时节，夕阳懒洋洋地照在村口的核桃树上，我兴冲冲地回到阔别了十年的村子。温暖的夕阳、老气横秋的核桃树、树下的青石板，和十年前一模一样，我恨不得和小时候一样，三蹦两跳跑到叔叔家，可是我没有，如今的我已不是那个毛头小伙子了，我成熟了。我极力掩盖着内心的兴奋，快步向村中走去。

　　快到叔叔家的时候，不远处一位跟我年龄相仿、穿着白色连衣裙的漂亮女孩儿向我走来，我立刻开始在脑子中搜寻：我这么大的玩伴，谁能娶来这么漂亮的女孩儿？正想得出神，她竟叫了声我的小名，我下意识地应了一声，疑惑地问了句："我认识你吗？"走近了，她笑着说："真的是你啊，好久没见了！我是建萍呀，我们小时候天天在一块儿玩儿！"我顿时傻了眼，我脑海中的她个子矮矮的，皮肤有点儿黑，性格有点儿内向……再看看现在的她，个子好高，皮肤也变白了，性格好活泼，只是那对酒窝，还依稀保留着一丝她小时候的影子。我说她变了，她很淑女地笑着说："你也变了。"

　　一直以来我都觉得自己没有变，她说我也变了的时候，我才发现原来我也在变。

33. 根据第 1 段，"变化"的特点是：
　　A 在不知不觉中发生　　　　　　B 某一天会突然发生
　　C 人的性格很难改变　　　　　　D 环境总是被人改变

34. "我"进村时的情景，下列哪项正确？
　　A "我"特别想用小时候的方式跑到叔叔家
　　B "我"在十年前春天的一个傍晚离开了这里
　　C "我"和小时候不一样，已经跑不动了
　　D 十年前村子里的核桃树早已找不到了

35. 关于建萍，下列哪项正确？
　　A 已经和我的小伙伴结婚了　　　　B 面貌、性格都有了巨大变化
　　C 小时候的影子一点儿都没了　　　D 她说我变得她都认不出来了

36. 最适合做上文标题的是：
　　A 我回到了故乡　　　　　　　　B 小时候的朋友
　　C 记忆有时不可靠　　　　　　　D 原来我们都在变

三、书 写

第 37 题：缩写。

（1）仔细阅读下面这篇文章，时间为 10 分钟，阅读时不能抄写、记录。

（2）10 分钟后，收起阅读材料，请你将这篇文章缩写成一篇短文，时间为 35 分钟。

（3）标题自拟。只需复述文章内容，不需加入自己的观点。

（4）字数为 400 左右。

朴道草堂身处京城最热闹的南锣鼓巷的一条小胡同里，从外表看，简单朴素的门脸并无特别之处，进去才发现草堂别有洞天：院子里一眼古井，两棵枣树，伴着茶香和午后的阳光，让人的心一下子安静下来。从四壁高高的木质书架上挑两本喜爱的书，坐在后院那棵 400 多岁的大枣树下，时光似乎又飞回到了遥远的过往。

草堂主人周一方是个低调而神秘的中年男人，他学的是外语专业，爱好写诗和哲学，早年下海创业，公司有上千名员工，如今却一心扑在这间书店上，书友们都称他为"老周"。

老周豪爽、坦诚，笑容温暖，他说："开书店是一个使人幸福的职业，在这里你可以遇到无数美好的人。"

第一次见老周，是在冬天。天气虽然寒冷，南锣鼓巷却是人声鼎沸，游人如织，商家都在忙生意。当我走到朴道草堂门口，却分明感受到截然不同的气氛，门口那张醒目的 100 元门票的"入门须知"把绝大多数游人挡在了门外，有人稍作停留、好奇地打量一会儿走了，有人瞥一眼"须知"匆匆而过。卖门票的书店大概在京城这是头一家。

推开紧闭的大门，书店内几乎没有人，显得很冷清，我有些迷惑，为什么要收门票，难道不欢迎更多的游客来书店逛？

见了老周，才明白老周收门票的缘由："一个人愿意为一家书店付门票，还是愿意去酒吧喝一杯啤酒、买一瓶香水或者住更舒适的酒店，这是一种选择。人就是这样，在选择中让自己成为什么样的人。"

老周告诉我，他真诚地给每个愿意付门票而进门的客人准备了意想不到的惊喜，例如，一本由作者亲笔签名的书，一本老周自己的诗集，他亲手拓印的一张手工版画，还有香茗和咖啡……礼物是随机的，每位都不一样，客人事先不会知道。这并非交换，因为礼物的实际价值远远超过 100 元，但是，这种惊喜是不能用价值来衡量的。老周希望，那是一种多年后也不会忘记的温暖和感动，会记得在北京的一条小胡同中和一家书店的相遇，会让人心中庆幸，幸好没有错过。

老周印象很深，第一个买票进书店的是一个女孩儿。她进门的时候很忧郁，在书店流连了很久，喝茶，看书，最后甚至和店里的女孩儿聊起了自己的心事，女孩儿还哭了起来，不过，最后她走的时候很满足，很高兴。

"也有人因为书店收门票而心有不悦。我十分理解。事实上，你做任何选择都是只有部分人认同的。我愿意尊重不来的人，珍惜入门的人。"老周说，他拒绝的只是随意闲逛的客人，愿意买门票进来的都是真正热爱读书的人。

多彩社会

3

9 不用手机的日子

一、听 力

第一部分　 09-1

第1-5题：请选出与所听内容一致的一项。

1. **A** 地球内70%都是水

   B 大部分水在空气、云层里

   C 水果是含水最多的物质

   D 水对我们非常重要

2. **A** 电话号码就好像是电话的名字

   B 电话号码是由用户自己编制的

   C 固定电话号码一般为7～11位数

   D 一个城市的电话号码往往会重复

3. **A** 我们能看见大部分光

   B 我们平时看见的是可见光

   C 微波是肉眼能看见的

   D 红外线、紫外线不属于光

4. **A** 侦探通过公开调查来获取信息

   B 侦探是负责审判案件的职业

   C 侦探需要有丰富的知识

   D 侦探要有良好的体力

5. **A** 双画面电视机需要两台电视机

   B 双画面电视机可以收看动画片

   C 双画面电视机有两个相同大小的画面

   D 双画面电视机可以同时收看两个节目

第二部分　　💿 09-2

第 6–10 题：请选出正确答案。

6. **A** 可以拉近人与人的距离

   B 是历史上最伟大的发明

   C 与人们的健康息息相关

   D 能让世界各地的人见面

7. **A** 电话线

   B 电话机

   C 电话网

   D 交换机

8. **A** 电子信号

   B 声音信号

   C 图像信号

   D 交换信号

9. **A** 电话线的长度不够

   B 电话线的宽度不够

   C 通过电话线的信号太多了

   D 电话机或电话线出现故障

10. **A** 利用电话线进行信息传递

    B 先传递声音，再传递图像

    C 利用交换机扫描、还原图像

    D 不但可以听到，还能看到对方

第三部分　🔘 09-3

第 11-17 题：请选出正确答案。

11. **A** 增加了人们的身高

　　B 帮助人们四处游玩

　　C 让人们 360 度无死角

　　D 让人获得更好的拍摄角度

12. **A** 不能缩短

　　B 不方便携带

　　C 不能改变拍摄的方向

　　D 不容易把相机取下来

13. **A** 方便大家进行自拍

　　B 机身上有拍照按键

　　C 一眨眼就能结束拍摄

　　D 能快速改变拍摄角度

14. **A** 干活又快又准

　　B 不怕脏不怕累

　　C 应用非常广泛

　　D 结构最为复杂

15. **A** 有鼻子、眼睛

　　B 有胳膊有腿

　　C 千奇百怪

　　D 跟人一样

16. **A** 能够拍照、摄像

　　B 能够弯曲、翻转

　　C 能够读书、写字

　　D 能够踢球、游泳

17. **A** 通过电子眼处置炸弹

　　B 用三头六臂打开包裹

　　C 通过摄像机观察后遥控拆弹

　　D 用手臂弯曲翻转，夹住炸弹

二、阅 读

第一部分

第18-20题：请选出有语病的一项。

18. **A** 如果心里有憋闷的事，他就随时向老伴儿诉说。

    B 我妈妈是个有耐性的人，却我爸爸一点儿耐性也没有。

    C 宽容是一首优美动听的歌，它给宽容的人带来好心情。

    D 冰冷刺骨的海水没有让他退却，反而使他产生了更旺盛的斗志。

19. **A** 机会都在等待中失去了，事不宜迟，说干就干。

    B 他简直成了一台麻木的机器，在那儿机械地运转。

    C 听到小鸟放在笼子里被饿死的消息，他大哭起来。

    D 因为我们的语言没有声调，所以我们说汉语很不好。

20. **A** 在西双版纳旅游时，我坐出租汽车二十个小时。

    B 我们要防止片面地、孤立地、静止地研究心理现象。

    C 在主要大都市出现了不同往常的人口明显减少的局面。

    D 只要把握好生命的每一分钟，也就把握了理想的人生。

第二部分

第 21-23 题：选词填空。

21. 斜阳岛好像一_____盛开的莲花，仅有的几十户人家生活在莲花的蕊中。从海边走向花蕊中的渔村，那真是我走过的最美的路。路边_____野花，山上巨树参天，林间小鸟鸣叫，阳光似乎_____，那时才知道为什么它叫斜阳岛。

    A 支   种满   兴高采烈   B 朵   开满   无处不在
    C 束   长遍   狼吞虎咽   D 棵   生遍   一举两得

22. 如何才能减少或_____城市热岛效应的产生呢？一是实施城市及周边环境绿化工程。二是在现有条件上，_____使用空调并给建筑物的外墙加隔热保温层，_____能源的利用率，改燃煤_____燃气等。

    A 停止   限制   增长   作   B 制止   强制   增加   是
    C 禁止   管制   升高   成   D 防止   控制   提高   为

23. _____绝大多数的人来说，要想在短时间内_____自己长期形成的不良习惯并不是件容易的事。_____他们已经努力尝试了很多次，想把这些不良习惯改_____，但是最后的结果往往并不像他们希望的那样。

    A 对于   抛弃   尽管   掉   B 关于   放弃   因为   完
    C 至于   舍弃   虽然   变   D 乐于   丢弃   不管   住

第三部分

第24-28题：选句填空。

很多人喜欢爬山。有的山容易爬，（24）_____。然而，不管多么艰难，（25）_____，我就是其中之一。

爬到山顶之后干什么呢？我注意观察并总结了一下，大概有这样三种情况。

第一种，兴高采烈，仰天大吼："我爬到山顶了，我成功了！"

第二种，气喘吁吁地蹲在地上，哀叹："累个半死，出一身臭汗，（26）_____！"

第三种，喜笑颜开，轻吟："啊，风景多么迷人、多么漂亮啊！"

最初，我是第一种人。爬上山顶后，我不管不顾，似乎天下唯我独尊，大有"一览众山小"之势，（27）_____。

后来，我成了第二种人。爬上山顶后，闲情逸致荡然无存，唯一的感觉就是疲劳，甚至后悔不该登顶受罪，抱怨山上无景可看。

现在，我是第三种人。爬上山顶后，我首先想做的不是登顶的炫耀，也不是无休止的抱怨，（28）_____，欣赏山腰的美景，一草一木都能看出它的味道来。

爬山犹如人生，任何成功都不值得炫耀，再大的付出也不必抱怨，最佳状态就是学会体味、懂得欣赏。

A 山顶上光秃秃的，什么也没有呀

B 有的山则很难爬

C 而是浏览山下的风光

D 总有一些人非要爬到山顶不可

E 恨不能炫耀自己的伟大

第四部分

第 29-36 题：请选出正确答案。

29-32.

　　我们姐妹都在外地，因为距离远，很难抽出时间回家。今年秋天，母亲生日那天，我们都赶了回去。

　　二姐送了母亲一款精致的智能手机，母亲拿起手机，试着拨通一个个电话，我们各自的手机都跟着及时响应，音乐声此起彼伏，十分热闹。

　　这时，远在重庆上大学的小弟打来了为母亲祝福生日的电话。这个家里最小的孩子第一次独自离家，想家想得要命，他每天都会打一个电话回来，汇报自己的学习和生活情况。

　　邻居李婶来串门时，母亲刚笑呵呵地接完了小弟的电话。李婶羡慕地说："你家儿子真好呀，天天给你打电话。"

　　母亲忽然叹了口气说："孩子们倒是常和我电话联系，可我怎么感觉，这个玩意儿把孩子们一个个都变成符号了？哪里比得上你有福气，孩子离得不远，想啥时见都可以，心里多踏实啊。"

　　姐妹们都在客厅里说话，我无意中听到了母亲的叹息，不由心里一阵难过。年少时，总是想着逃离，随着外出求学、工作，我们一个个扑棱着翅膀，飞得越来越远，有谁留意过，母亲在岁月的尘埃里，已经到了风烛残年。

　　为了弥补这一缺憾，我忍不住跟姐妹们建议："以后，咱们还是轮流回来伺候母亲吧。毕竟，她也是 60 多岁的人了。"

　　姐姐和妹妹都同意了我的建议，大家悄悄制订了一个计划表，根据各自的实际情况，确定回家探望的日子，保证母亲每月都能看到我们其中的一个。

　　我们不想成为手机中的数字，也不想仅仅成为母亲住在手机里的孩子，趁现在还来得及。

29. 为什么"我们"很少回家探望母亲？
　　A 因为距离远　　　　　　　　　　B 因为工作忙
　　C 因为有手机　　　　　　　　　　D 因为生活困难

30. 下面哪一项不符合小弟的情况：
　　A 在重庆上大学　　　　　　　　　B 非常想家
　　C 每天都给母亲打电话　　　　　　D 总想逃离家庭

31. 母亲为什么叹息？
　　A 小儿子没回家给自己过生日　　　B 自己不会使用手机
　　C 儿女都不在身边　　　　　　　　D 自己到了风烛残年

32. "我"跟姐妹们制订了一个什么计划？
　　A 经常给母亲打电话　　　　　　　B 轮流回家照顾母亲
　　C 一起外出求学、工作　　　　　　D 成为母亲住在手机里的孩子

33–36.

寒冷的冬天已经过去，气温正在慢慢升高，人们的作息规律开始变化。俗话说"春困秋乏夏打盹"，春天一到，很多人明显感到四肢无力，头昏脑涨，尤其是早晨起不来床，上班总想打瞌睡，注意力分散。不过你相信吗？在换了一款闹钟之后，你就能清醒地去上班了。

这款玩具闹钟是由专业的游戏开发商设计出的产品，最大的特点就是充满童趣，在让你快速清醒的同时还能收获一份好心情，可谓一举两得。

首次使用闹钟时需选定一款主题，目前有三款主题样式——托马斯、梦幻公主以及风火轮，选择你喜欢的闹钟风格就好了。

下边着手设定一下你期望的起床时间吧。和普通闹钟功能类似，这款玩具闹钟的可设置项还是比较齐全的，包括是否重复、是否需要贪睡等等，不过它最大的特色还是闹钟游戏。如果你虽然醒了但还是头昏脑涨，没事儿，来玩儿个游戏就清醒了。根据不同的主题，闹钟内含有多款小游戏，不过玩儿法都很简单，对于还处在神游状态的用户来说设定很合理。当然只有完成了游戏任务才能关闭闹钟，不然的话它会一直在耳边发出响声直到你清醒过来。

玩具闹钟其实更适合小朋友，游戏人物造型可爱很容易吸引孩子的注意力。它一点儿也不强迫，而是用一种温和的方式叫醒你，怎么样，还不快试试。

33. 下列哪一项不属于春天一到，人们常有的情形？
    A 四肢无力   **B** 头昏脑涨
    C 上班打瞌睡   **D** 快速清醒

34. 这款闹钟的最大特点是什么？
    A 充满童趣   **B** 设置比较齐全
    C 有三款主题样式   **D** 会一直发出响声

35. 关于闹钟游戏，下列哪一项表述正确？
    A 用强迫的方式叫醒你   **B** 游戏玩儿法都很简单
    C 不完成游戏也能关闭闹钟   **D** 可以让用户处于神游状态

36. 为什么说玩具闹钟更适合小朋友？
    A 完成游戏后才能设置   **B** 可设置是否需要贪睡
    C 人物可爱能吸引孩子   **D** 有不同风格可以选择

全球化视野中的中国饮食

一、听 力

第1—5题：请选出与所听内容一致的一项。

1. **A** 台湾一家食品公司生产传统月饼

   B 雪月饼是清凉降温的冰淇淋月饼

   C 雪月饼是在下雪的时候吃的月饼

   D 雪月饼是根据天气变凉的特点设计的

2. **A** 中国古老养生之道注重季节变化

   B 季节不同，饮食起居可随意变化

   C 立秋之后，人体的消耗逐渐加大

   D 立秋之后，人们的食欲开始减少

3. **A** 屈原出生于农历五月初五

   B 老百姓划龙船是去捉鱼虾

   C 端午节要赛龙舟、吃粽子

   D 屈原是被鱼虾吞食而死的

4. **A** 小饭馆的主人是位英国人

   B 饭馆主人每天都有烹饪课

   C 这家饭馆的主人还卖茶叶

   D 品茶课上主要喝柠檬红茶

5. **A** 进食时最好边吃边看书报或电视

   B 进食时边吃边讲话不会妨碍消化

   C 进食后不能剧烈运动，要立即卧床休息

   D 进食后可以慢慢行走或按摩肚子助消化

第二部分　　🔘 *10-2*

第6-10题：请选出正确答案。

6. **A** 800ml 左右

　　B 1000ml 左右

　　C 1200ml 左右

　　D 2000ml 左右

7. **A** 电解质失去平衡

　　B 蛋白质大量流失

　　C 维生素大量流失

　　D 钙大量流失

8. **A** 大量喝水

　　B 大量进食

　　C 少食多餐

　　D 多喝牛奶

9. **A** 上下午各两杯

　　B 每天 1 ～ 2 杯

　　C 每天 800 ～ 1000ml

　　D 每天 1000 ～ 1200ml

10. **A** 每天喝两杯水

　　B 感冒时多喝水

　　C 每天多喝牛奶

　　D 感冒时补充维生素

第二部分

第三部分　　10-3

第 11–17 题：请选出正确答案。

11. **A** 中国孩子太能吃了

　　 B 他们玩儿太多电脑游戏

　　 C 胖一点儿是健康的表现

　　 D 爷爷奶奶导致孩子肥胖

12. **A** 让孩子随心所欲地吃

　　 B 不让孩子饥一顿饱一顿

　　 C 不限制孩子玩儿电脑游戏

　　 D 让孩子多做家务活动手脚

13. **A** 他们觉得垃圾食品对人体无害

　　 B 他们觉得瘦意味着身体不健康

　　 C 他们觉得孩子胖一点儿更可爱

　　 D 他们觉得孩子胖一点儿才聪明

14. **A** 可增加生理活性物质

　　 B 生蔬菜味道更加鲜美

　　 C 可最大限度地获得营养

　　 D 可提高维生素 C 的含量

15. **A** 容易降低营养含量

　　 B 吃蔬菜的总量有限

　　 C 蔬菜很难清洗干净

　　 D 维生素 C 不能吸收

16. **A** 生吃不好吃

　　 B 生吃不容易消化

　　 C 胡萝卜素是脂溶性的

　　 D 熟吃胡萝卜摄入量大

17. **A** 蔬菜的烹饪方法

　　 B 熟吃蔬菜的缺点

　　 C 蔬菜的营养成分和含量

　　 D 蔬菜生吃熟吃的利与弊

二、阅 读

第一部分

第 18-20 题：请选出有语病的一项。

18. **A** 那些精微的艺术技巧，很难用话语传达给别人。

    B 大家认为把外国的东西不必直接照搬到中国来。

    C 这件艺术品既传统又现代，具有鲜明的民族特色。

    D 对他来说，当年的辉煌也好，失败也罢，都已经成为历史了。

19. **A** 他离开心爱的岗位，心里怪难受。

    B 你有过单腿跪下求婚的浪漫经历吗？

    C 他没做太长时间的休息，立即构思了一个新电影。

    D "素质教育"是近年来我国教育界出现频率最高的一个词。

20. **A** 所谓规律，就是事物之间内在的必然联系。

    B 近期离婚率急剧上升，以至于离婚还要排队。

    C 那天，广场上人真多，我从来没看那么多的人。

    D 科学知识的继承和发展，必须借助于教育来传递。

第二部分

第 21–23 题：选词填空。

21. 不同国家的饮食有着明显的区域特征。法国菜的特点是选料广泛，加工_____，滋味有浓有淡；意大利菜的特点是原汁原味，以味浓_____；英国菜的特点是油少、_____；俄罗斯菜口味较重，喜欢用油，制作方法较为简单，热食多，口味以酸、甜、辣、咸为主。

A 仔细	著名	油腻		**B** 精细	著称	清淡	
C 精彩	有名	辛辣		**D** 精心	闻名	浓厚	

22. 适量喝葡萄酒_____可以让人享受到美妙的感觉，还有助于人体健康。葡萄酒的化学_____非常丰富，是矿物质营养素和维生素的良好来源。它可以帮你消化鱼、禽、肉类等蛋白质，还能_____皮肤和神经健康，_____到美容的作用。它的营养价值可以说数不胜数。

A 尽管	组成	坚持	生	**B** 不管	养分	维护	使
C 即便	构成	保护	做	**D** 不仅	成分	维持	起

23. 泰式饮食是我的至爱。泰式菜肴_____了浓郁的异国情调，它不仅让人胃口大开，而且_____人赏心悦目。泰国菜式样独特，色彩_____，味道浓郁，品种多样，加上各种_____的香味，让人回味无穷。

A 布满	使	鲜明	材料	**B** 拥有	让	新鲜	资料
C 充满	令	鲜艳	调料	**D** 充足	叫	艳丽	原料

第三部分

第 24–28 题：选句填空。

茶的历史可以说已经非常悠久了。世界上最早发现和利用茶叶的是中国人的祖先，他们不但把茶叶发展为世界上饮用人口最多、保健作用最大的饮料，（24）_____。

早在 4700 多年以前，中国人就发现了茶，只是那时茶被认为是具有解毒作用的药，（25）_____。开始人们直接含嚼茶叶以获取其中的有益成分，这是茶成为饮品的前奏。（26）_____，人们逐渐改变了生嚼茶叶的习惯，开始加水煮或烤饮。这样煮出来的茶汁虽然滋味苦涩，（27）_____。时间长了，人们就形成了煮煎品饮的习惯。

茶叶的种类不同，种植地不同，泡法也不一样。要泡红茶、青茶，特别是紧压茶，非用滚沸的开水冲泡不可。（28）_____，特别是龙井等高级绿茶，必须把开水凉到 70 度左右再泡，而且不能加盖。否则，叶子会闷黄，其味也就香而不清了。

A 然而香气浓郁，风味持久，令人陶醉

B 后来又发现它还有其他一些药用价值

C 而且创造了丰富多彩的茶文化

D 然而要泡绿茶，就不能这样了

E 随着人类生活的进化

第四部分

第 29-36 题：请选出正确答案。

29-32.

我们每天需要的主要食物共分五类：谷类、蔬菜和水果、鱼肉蛋、奶类和豆类、油脂类。为了获得健康又营养的膳食，这几类食物每日的摄取量要有所区分，以便提供人体的正常需要。按照每日摄取量从多到少的顺序，依次为谷类、蔬菜和水果、鱼肉蛋、奶类和豆类、油脂类。

谷类主要提供碳水化合物、蛋白质等供能物质，是膳食的基础。多种谷类调和起来吃比单吃好。蔬菜水果中富含维生素和膳食纤维等，每天应当大量摄取。但蔬菜和水果终究是两类食物，各有优势，不能完全相互替代。尤其是儿童，不可只吃水果不吃蔬菜。鱼肉蛋主要提供动物性蛋白质和重要的矿物质和维生素，在吃的时候要分别对待。鱼、虾等水产品含脂肪低，可以多吃一些；畜禽类中脂肪含量较高，不应多吃；蛋类最好每天不超过一个。奶类主要包括鲜牛奶和奶粉，有人饮奶后有不同程度的肠胃不适，可试用酸奶或其他奶制品。豆类每天 50 克。油脂类在每日膳食中占的比重最小，大约 25 克。

29. 我们每天的食物按照摄取量从少到多应该是?
    A 油脂类、奶类和豆类、蔬菜和水果、鱼肉蛋、谷类
    B 谷类、蔬菜和水果、鱼肉蛋、奶类和豆类、油脂类
    C 油脂类、奶类和豆类、鱼肉蛋、蔬菜和水果、谷类
    D 谷类、奶类和豆类、鱼肉蛋、蔬菜和水果、油脂类

30. 下列哪种饮食方式是正确的?
    A 谷类单一吃比调和起来吃好   B 畜禽类食物不应吃太多
    C 可以只吃水果不吃蔬菜   D 鱼肉蛋每天要大量摄取

31. 根据本文，下面哪句话是正确的?
    A 蔬菜水果是膳食的基础   B 蔬菜和水果可以互相代替
    C 鱼、虾等水产品可以多吃一些   D 鸡蛋最好每天吃两个

32. 如果喝牛奶后有肠胃不适，怎么办?
    A 可以喝酸奶   B 可以吃豆制品
    C 可以吃鸡蛋   D 可以吃水果

33–36.

　　英国科学家最近公布的一项研究结果显示，那些不经常吃水果蔬菜的家长无意中为孩子树立了一个不好的榜样。研究人员表示，虽然孩子对食物的一些天生喜好很难改变，但是大人的饮食习惯对孩子形成自己的饮食习惯有很大的影响。在长期的共同生活中，大人吃什么实际上就预示着孩子今后吃什么。

　　根据世界卫生组织的推荐，人们应多吃蔬菜水果，以保持健康，避免肥胖症、心脏病等各种疾病。但他们对英国北部 22 个幼儿园 2 ～ 6 岁儿童家长的饮食习惯的调查结果显示，有三分之一的家长蔬菜和水果吃得都很少。

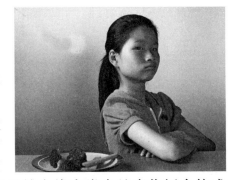

　　由于家长与自己的孩子基本上是朝夕相处，所以大人对孩子饮食习惯的形成影响最大。餐桌上所摆的食物种类以及所出现的次数都会给孩子留下深刻的印象。如果家长不喜欢素食，餐桌上经常摆着肉类食品，那么孩子就会将肉类食品当作饭食构成的主要标志。如果餐桌上不出现肉类食品，孩子自然会感到，这似乎不是一顿饭。因此，大人饮食习惯的好坏决定了孩子饮食习惯的好坏。

　　虽然孩子不会自动喜欢上大人所吃的食物，但是家中大人经常提倡吃什么以及吃的次数却会影响孩子逐渐接受这些食品的程度。因此，大人不要只顾自己喜欢吃什么，而应尽量分辨出饮食习惯的好坏，更多地考虑自己的饮食习惯是否会给孩子今后的饮食习惯带来不良影响。

33. 根据本文，英国科学家的研究结果是：
　　A 经常吃肉容易引起肥胖症和心脏病
　　B 英国有三分之一的家长蔬菜水果吃得很少
　　C 多吃水果蔬菜可以保持健康、避免各种疾病
　　D 不常吃蔬菜水果的家长会导致孩子形成不良饮食习惯

34. 根据调查结果，父母喜欢吃肉，孩子一般：
　　A 长大后也喜欢吃肉　　　　　　B 长大后不容易得病
　　C 天生也很喜欢吃肉　　　　　　D 体重比别的孩子重

35. 这篇文章的主要内容是什么？
　　A 家长的不良饮食习惯对孩子的影响
　　B 研究证明多吃蔬菜水果确实有好处
　　C 英国北部家庭饮食习惯的调查结果
　　D 在喜欢吃肉家庭中孩子的饮食习惯

36. 根据文章内容，下面说法正确的是：
　　A 孩子不会喜欢上大人喜欢吃的东西
　　B 家长自己吃什么不重要，但要让孩子吃蔬菜
　　C 为了不影响孩子，父母不要每天和孩子在一起
　　D 父母常吃什么，孩子也会逐渐养成同样的习惯

我不在时，猫在干什么

一、听 力

第1-5题：请选出与所听内容一致的一项。

1. **A** 猫能发现老鼠的踪迹

   B 猫需要牛磺酸提高嗅觉

   C 猫的体内含有较多牛磺酸

   D 猫因为自己的需要而吃鱼和老鼠

2. **A** 猫是睡眠时间最长的动物

   B 老鼠和猪并不喜欢睡懒觉

   C 猫为了补充体力，睡眠时间比较长

   D 狮子一生中三分之一的时间在睡觉

3. **A** 狗天生不喜欢与人交往

   B 通过练习，所有的狗都能与人友善

   C 狗与人的亲密关系要经过几年的时间
      才能建立起来

   D 狗是否与人亲热，取决于出生后3～7
      周与人接触的程度

4. **A** 天鹅是高贵的君子

   B 白天鹅又称"口哨天鹅"

   C 黑天鹅的嘴巴是红色的

   D 小天鹅的叫声像喇叭一样

5. **A** 鸽子是方向感很强的鸟类

   B 信鸽的身体里安装了遥控器

   C 所有鸟都能准确无误地飞回家

   D 原鸽可以飞行几十个小时而不疲倦

第二部分　🔘 *11-2*

第6-10题：请选出正确答案。

6. **A** 根据动物的体型分类

　 B 根据动物的食物分类

　 C 根据动物的栖息地分类

　 D 根据动物的身体结构分类

7. **A** 肉食动物

　 B 草食动物

　 C 杂食动物

　 D 食鱼动物

8. **A** 营养更全面

　 B 吃得更安全

　 C 更节省资源

　 D 性格会更好

9. **A** 草食动物吃植物

　 B 肉食动物吃草食动物

　 C 肉食动物吃杂食动物

　 D 动物间谁吃谁的关系

10. **A** 肉食动物也灭绝

　 B 植物都会被吃光

　 C 杂食动物也灭绝

　 D 食虫动物也灭绝

第三部分　　💿 11-3

第 11-17 题：请选出正确答案。

11. A 喝水

B 洗澡

C 产卵

D 照顾小蜻蜓

12. A 立刻进攻

B 运动伪装

C 快速飞行

D 固定不动

13. A 蜻蜓的眼睛很大

B 蜻蜓的眼睛很亮

C 蜻蜓的眼睛是复眼

D 蜻蜓的眼睛在头顶

14. A 用来储存食物

B 用来保护蜗牛

C 用来给蜗牛保温

D 用来躲避太阳直晒

15. A 安静的地方

B 凉爽的地方

C 温暖、潮湿的地方

D 有太阳直晒的地方

16. A 重重的外壳

B 灵活的舌头

C 舌头上的牙齿

D 长短两对触角

17. A 视觉功能

B 嗅觉功能

C 帮助蜗牛消化食物

D 帮助蜗牛躲过侵扰

二、阅 读

第一部分

第 18-20 题：请选出有语病的一项。

18. **B** 她默默凝视着手中的照片，陷入了沉思。

    A 他用自己的镜头记录了老百姓们多彩的生活。

    C 小狮子带有传奇色彩的故事在当地流传了很久很久。

    D 我们应该采取措施，尽量避免今后不会发生这样的事故。

19. **A** 这个不幸的消息我是最近从朋友得知的。

    B 整个地球表面，将近 71% 的面积被水覆盖着。

    C 茶是中国传统的保健饮品，受到世界人民的喜爱。

    D 油灯的原料是油，包括植物油和动物油，在古代都是贵重物品。

20. **A** 妈妈每天都把房间打扫得一尘不染得干净。

    B 当然，一些独一无二的尖端技术，往往不轻易出售。

    C 不同按钮所代表的功能不是自动出现的，而是由人工操作完成的。

    D 应鼓励学生认真钻研和思考，自助探究，自行设计解决问题的方案。

第二部分

第 21–23 题：选词填空。

21. 你养宠物吗？_____你家中有宠物的话，那么你_____比没有亲人、没有宠物的人快乐健康，而且很可能比一些有家人亲友、_____没有宠物的人健康快乐。

    A 如果   虽然   可   **B** 倘若   不但   但
    C 不管   即使   也   **D** 尽管   因为   就

22. 在动物世界里，有时不是吃别的动物_____被别的动物吃。为了安全地躲避敌人，有的动物_____地隐藏起来，或假装成别的东西。有的昆虫身体_____像树叶或树枝，这种融合到背景中去的做法叫伪装。它使得动物难_____被发现，因此能保证自身安全。

    A 就是   巧妙   形状   以   **B** 而是   美妙   健康   于
    C 还是   漂亮   味道   能   **D** 但是   恰巧   颜色   免

23. 一只蜜蜂停在一朵花上。它_____出管状舌头，_____甘甜的花蜜。蜜蜂在花中忙碌的时候，黄色的花粉就掉到了蜜蜂的身体上。_____花粉被擦落到蜜蜂后来拜访的每一朵花上从而完成授粉的过程，因为一朵花需要_____同种的另一朵花的花粉才能制造种子。

    A 拉   获得   其后   产自   **B** 探   采摘   身后   出自
    C 推   取得   以后   从来   **D** 伸   吸食   之后   来自

第三部分

第 24-28 题：选句填空。

鸵鸟生活在非洲的草原和沙漠地区。虽然是鸟类的
一种，（24）_____。因为鸵鸟身体又大又笨重，翅
膀已经严重退化，它们只能在大地上奔跑。鸵鸟是世界
上现存体形最大的鸟，高可达 3 米，体重在 100 公斤以
上。（25）_____，能观察到 10 公里以外的敌人的
举动，便于及时逃脱。鸵鸟虽然体形庞大，身体强壮，
但性情温和，（26）_____。

鸵鸟粗壮有力、善于奔跑的双腿和展开后的翅膀，（27）_____，必要时还能顺利
逃走。除此之外，鸵鸟还善于伪装。（28）_____，它们便把脖子平贴在地面上，身体
蜷曲成一团，以自己暗褐色的羽毛伪装成石头或灌木丛，以躲避敌害。

A 鸵鸟目光高远

B 都能吓退敌人

C 但它们根本不会飞行

D 一旦受到惊吓或发现敌情

E 很容易被人类驯养

第四部分

第 29–36 题：请选出正确答案。

29–32.

天气渐冷，昼夜的温差越来越大。这时，小动物们很容易受凉生病。不管是在室外生活还是室内生活的小动物们都渴望有一个温暖而舒适的窝。那么，在繁忙的工作之余，让我们自力更生，亲自动手为宠物建造一个温暖而舒适的窝吧。

首先，冷风和潮气总是贴着地面吹过来，因此，在冬季要把宠物的窝垫得高一些，让其离地面有一定的距离，并且放置在没有风的地方，在里面铺上清洁而保暖的毯子。这样可以预防宠物关节炎的发生。对于年老多病或已经患有关节炎的宠物，这么做尤其重要。此外，动物的窝要选择结实且密封的材料，切记不要让窝门朝向风口，以免让寒风吹进来。

在冬季带宠物去室外散步时，主人和宠物都应该穿得暖暖和和的。在雨雪天可以给宠物穿上雨衣，如果淋了雨，回来以后一定要把动物的全身擦干，短毛的可以用毛巾擦干，而长毛的则要用吹风机吹干。

29. 天气渐冷，小动物们容易出现什么情况？
    A 受凉生病   **B** 淋雨生病
    C 贪吃贪睡   **D** 动手建窝

30. 在冬季，动物的窝应该：
    A 贴着地面   **B** 朝向风口
    C 垫得高一些   **D** 放在通风的地方

31. 在冬季，带宠物去外边散步时，应该注意：
    A 给宠物穿暖和些   **B** 给宠物穿上雨衣
    C 回来以后用毛巾擦干毛   **D** 出门前用吹风机吹毛

32. 这篇文章主要是针对哪类动物的？
    A 野生的动物   **B** 生病的动物
    C 家里的动物   **D** 动物园里的动物

33–36.

　　小时候，我最喜欢看燕子在电线杆上飞来飞去。有一次回家，捡到一只受伤的燕子，我给它包扎好伤口，精心喂养，等它能走了，我又在院子里的大树上搭了个简陋的窝，我以为等伤好了它会急切地想飞走，谁知它竟住下了，一住就是几个月。不仅如此，第二年，它又从南方飞了回来，还带了伴儿来。燕子越来越多，树上的窝也越建越多，到第四年的时候，已经整整有十个了。这成了村里很特别的一道风景，燕子来的时候，大人小孩儿都来看。老人们说，燕子和人一样，懂得感恩，只要你不伤害它，它就把这里当成自己的家，一辈子都不会忘记。

　　读大学时，一次和朋友逛街，突然有个人从后面拍了一下我的肩膀，我转身一看，是个挺帅气的小伙子，他说他下火车时钱包丢了，实在太饿了，请我帮帮他，要不然他不知道会流浪到何方。我笑了笑，大大方方请他吃了一顿，并送他上了回家的火车。这对我来说只是举手之劳，没想到他一直记在心上。大学毕业几个月后，我因为一直没找到合适的工作而焦急万分。一天我在一家大公司面试时，突然碰到了那个小伙子，他就在这家知名企业担任经理，他说他一直在找我，也一直都记得那顿饭的交情。那次我们聊了整整一个晚上，在他的引荐下，我顺利进入了该公司。

　　这些事情都让我感动万分，懂得感恩让世界充满了温暖。

33. 为什么那只燕子后来没有飞走？
　　A 它受伤飞不了　　　　　　　　**B** 这里有很多燕子
　　C 它有了一个简陋的窝　　　　　**D** 它把这里当成了自己的家

34. 那个小伙子在大街上找"我"有什么事？
　　A 要请"我"吃顿饭　　　　　　　**B** 让"我"送他上火车
　　C 希望"我"能帮助他　　　　　　**D** 要帮"我"找份工作

35. "我"后来是什么时候又遇见那个小伙子的？
　　A 逛街的时候　　　　　　　　　　**B** 找工作的时候
　　C 坐火车的时候　　　　　　　　　**D** 在饭馆吃饭的时候

36. 这个故事主要告诉我们什么？
　　A "我"家的燕子为什么越来越多　　**B** 帮助别人是为了得到回报
　　C "我"是怎样找到工作的　　　　　**D** 懂得感恩让世界很温暖

我们都爱白噪音

一、听 力 🔊 *12-1*

第一部分

第1-5题：请选出与所听内容一致的一项。

1. **A** 人们喜欢充满声音的世界

    B 自然界发出的声音占大部分

    C 音乐声是自然界产生的声音

    D 声音都是通过振动产生的

2. **A** 中间的蚂蚁向外围靠拢

    B 最外围的蚂蚁头朝里观察着

    C 一大群蚂蚁围成一个半圆形

    D 蚂蚁王国是最有纪律的

3. **A** 疾病是没有办法预防的

    B 疾病损害了我们的健康

    C 疾病不会影响我们的生活

    D 治疗疾病的方法功效相同

4. **A** 一个蜂群中通常有几只雌性蜂产卵

    B 工蜂负责延续后代、照料年幼的蜜蜂

    C 工蜂要建造和修理蜂巢、收集食物

    D "蜂后"是蜂群中最辛苦的蜜蜂

5. **A** 遗传是只有人类才有的特性

    B 人类在进化过程中改变了 DNA

    C 我们的长相跟父母有很大不同

    D 遗传就是祖先的 DNA 遗留给了后代

第二部分　💿 12-2

第 6-10 题：请选出正确答案。

6. **A** 宠物的喂养方法

　　B 怎么治疗孤独症老人

　　C 医生如何利用宠物治病

　　D 宠物给人类精神上的帮助

7. **A** 病痛较少

　　B 容易病倒

　　C 特别孤独

　　D 比较快乐

8. **A** 人们就不需要亲朋好友了

　　B 上年纪的人一般身体不好

　　C 人际关系会受到很大影响

　　D 人们可能更加健康和快乐

9. **A** 动物给人类的支持是有条件的

　　B 动物给人类的支持不如人类互相的支持

　　C 动物给人类的支持会增加人类的负担

　　D 动物给人类的支持可能是人类不能给予的

10. **A** 协助医生出诊

　　B 到医院探望病人

　　C 得到老人的照顾

　　D 在动物园陪人玩耍

第三部分　💿 *12-3*

第 11–17 题：请选出正确答案。

11. **A** 帮助飞翔

    B 保暖防水

    C 吸引配偶

    D 寻找食物

12. **A** 多飞翔

    B 多吃食物

    C 弄松自己的羽毛

    D 穿一件温暖的外套

13. **A** 吸引配偶

    B 不易被敌人发现

    C 方便游泳和潜水

    D 让鸟儿与栖息地融为一体

14. **A** 种植大面积的热带雨林

    B 开发河流、湖泊和森林

    C 给动物建立栖息地和家园

    D 建农场、工厂、房子和道路

15. **A** 人们砍掉了森林

    B 人们污染了河流

    C 人们伐木、开矿

    D 上述三个方面都包括

16. **A** 每年有很多的人出生

    B 人们占据了大量空间

    C 成千上万种动植物将会灭绝

    D 化学物质污染河流、湖泊和森林

17. **A** 人类是如何破坏环境的

    B 人类是如何保护环境的

    C 人类与动植物的关系密切

    D 人类与动植物的进化过程

二、阅 读

第一部分

第 18-20 题：请选出有语病的一项。

18. **A** 他把那面大镜子摆好在客厅的中央。

    B 对于产品的价格，除非不得已，不要任意调高。

    C 在这样复杂艰巨的改革当中，务必要高度关心群众利益。

    D 尤其可悲的是，你的坏情绪会使周围的朋友也渐渐地疏远你。

19. **A** 公司不能单方面无故解除劳动合同。

    B 我们会竖起耳朵倾听消费者的意见。

    C 大家紧张地工作，相信最后一定能扫障碍。

    D 建议家长让孩子参加一些志愿者活动之类的社会实践。

20. **A** 这种处理方法是对的，因为效果出来了嘛！

    B 他突然说出这样一番话，实在让人莫名其妙。

    C 老板看见到那种情况，吓得一直跑回店里去。

    D 晚上有人陪着她还害怕呢，更何况今天她一个人在家。

第二部分

第 21–23 题：选词填空。

21. 在安静的沙漠里，时常有一种沙沙声。是风声吗？不是。这是响尾蛇振动的尾巴____
____的。响尾蛇_____这种声音引诱小动物，或者吓跑敌人。响尾蛇_____是怎
么发出沙沙作响的声音的？因为它们的尾部有很多响环，摇动时互相摩擦就会发出这
种声音。

    A 打出　　应用　　究竟　　　　　　**B** 给出　　作用　　终于
    C 发出　　利用　　到底　　　　　　**D** 做出　　效用　　终究

22. 在科学界，_____争论需要花费很长时间。_____其中一方正确的最佳方法是设
计可重复的实验。可重复的意思是_____不管谁来做这个实验，所得结果都应该是
一样的。一个科学家提出一个假说，同时也建立了一套实验，清楚地_____他的假
说，我们就说他遵循了科学的方法。

    A 解决　　证明　　指　　支持　　　　**B** 攻克　　说明　　拿　　坚定
    C 超越　　表明　　提　　支撑　　　　**D** 处理　　标明　　说　　保持

23. 春天一到，大地上就会开满_____的花朵。各种不同的花朵不仅有美丽的颜色、优
雅的_____，而且还有_____的香气和巧妙的结构。花有香气，这是因为它们的
花瓣能够分泌出具有香气的芳香油，由于不同的花分泌的芳香油不同，所以它们____
____出来的香气也就各不相同。

    A 五光十色　　身体　　浓烈　　发布　　　**B** 五颜六色　　身姿　　芬芳　　散发
    C 琳琅满目　　姿势　　悠久　　分散　　　**D** 十全十美　　形状　　美好　　传播

第三部分

第 24-28 题：选句填空。

生物计量学即生物识别技术，（24）_____。对于大多数生物识别系统来说，信息通过图像、录音或者其他数据形式进入电脑，然后用设定好的算法进行数学计算，将原始图像或声音转化为数字，即特征，（25）_____。

生物识别系统并不完美，但你仍然会在生活中发现它越来越多的身影。在许多机场、国防设施、公司、学校等，（26）_____，它在这些需要限制进入的区域进行入口管制。在一些商店里，买家甚至用触摸方式，进行指纹扫描付款，就像使用信用卡一样。你还可以找到可以用指纹解锁的计算机或手机，（27）_____。

正像迪士尼乐园的管理者所说，（28）_____，它将身份盗窃之类的行为减至比较低的程度，提高安全性，并节省经费。

在希思罗机场，乘客韦曼说："我不用排队等候。"机器会扫描他的眼睛虹膜，通过后他会收到一张打印出来的纸条：欢迎来到英国。

欢迎来到生物计量学的世界！

A 最后，系统将结果与个体进行关联

B 拥有无法复制和忘记的密码，保护自己的信息

C 它通过计算机程序和计算，根据身体与行为自动识别个体

D 你都能够发现生物识别技术的应用

E 生物识别可以带给管理者和使用者便捷

第四部分

第29-36题：请选出正确答案。

29-32.

提起近视，许多同学都觉得是不良的用眼习惯造成的，如看书距离不当、光线太暗、持久用眼等。但你知道吗？研究证明，饮食不当也是诱发青少年近视的重要原因之一。

美国纽约大学研究员贝兰博士对大量青少年近视病例进行分析后指出，体内缺乏微量元素铬与近视的形成有一定的关系。铬元素是人体中球蛋白代谢所必需的。它主要存在于粗粮、红糖、蔬菜及水果等食物中。有些小朋友不喜欢吃粗粮，只吃一些精细食物，从而造成身体缺铬，引起机体血液渗透压的改变，进而导致眼睛晶状体渗透压的变化，使晶状体变凸，产生近视。

许多同学喜欢甜食，而糖在体内摄入过多可使血液偏酸。人体想要保持酸碱平衡，不得不动员大量钙质去中和酸，从而引起血钙不足，减弱眼球壁的弹性，使眼轴伸长，埋下近视的隐患。同时，血糖升高，会使晶状体变凸而形成近视。

吃硬质食品过少也是引起青少年近视增加的原因之一。吃硬质食物能促使面部肌肉运动，包括支配眼球运动的肌肉，进而有效地发挥调节眼睛晶状体的能力。因此，大家常吃如胡萝卜、土豆、黄豆、水果等耐嚼的硬质食品，增加咀嚼的机会，也可预防近视眼发生。

29. 为什么缺铬会导致近视？
　　A 铬是人体中重要的微量元素　　B 铬主要存在于粗粮、蔬菜中
　　C 人体代谢需要铬元素的参与　　D 引起眼睛晶状体渗透压的变化

30. 摄入过多甜食产生的后果不包括下面哪一项？
　　A 使血液偏酸　　　　　　　　　B 机体血液渗透压改变
　　C 引起血钙不足　　　　　　　　D 减弱眼球壁的弹性

31. 为什么吃硬质食物过少会引起近视？
　　A 影响球蛋白的代谢　　　　　　B 血糖升高，使晶状体变凸
　　C 肌肉调节晶状体的能力降低　　D 使眼轴伸长，埋下近视的隐患

32. 本文主要谈了哪一方面的内容？
　　A 近视有哪些危害　　　　　　　B 饮食不当导致近视
　　C 运动方式对近视的影响　　　　D 不良的用眼习惯造成近视

33-36.

　　生物体大脑中的树突之于神经细胞，就犹如十指之于双手。你的手指从手掌延展出去，接触物体时，接收到来自物体的感觉信息。对于树突来说，它们接触的物体就是其他的神经细胞。

　　我们不妨这样来描绘一下神经细胞，它像一棵"微型树"，主干上分出很多枝丫，而枝丫上又分出更细的枝丫，如此类推，直到分出很多细小的长有叶子的细枝。神经细胞的"细枝"就是"突触"，正是通过它，神经细胞之间的信息才能相互传递。分支越多，突触就越多，突触越多，大脑接收到的信息也就越多。

　　神经学家通过实验发现：被置于充满刺激物环境中的老鼠，其神经细胞的树突要比那些被单独关起来的老鼠平均多出 20% ～ 25%。这就给我们一些暗示，这些老鼠是否更聪明呢？实验结果显示，它们比后者更容易走出迷宫。这个结果提示我们，你在成长的过程中处理的信息越多，你得到的学习机会也就越多，你的大脑就变得更复杂，神经细胞之间的联系也就越多。

　　研究人员在随后进行的研究工作中发现，随着阅历的丰富，大脑改变自身结构的能力会贯穿人的一生。

33. "树突"接触的物体是什么？

    A 大脑　　　　　　　　　　　　**B** 十指

    C 手掌　　　　　　　　　　　　**D** 细胞

34. 神经细胞之间的信息通过什么传递？

    A 树突　　　　　　　　　　　　**B** 树干

    C 树枝　　　　　　　　　　　　**D** 树叶

35. 神经细胞的树突更多的老鼠，是：

    A 被置于充满刺激物环境中的老鼠　　**B** 被单独关起来的老鼠

    C 正在迷宫里寻找出口的老鼠　　　　**D** 学习机会不多的老鼠

36. 根据文章内容，下面说法不正确的是：

    A 树突跟神经细胞的关系就像十指跟双手的关系

    B 神经细胞就像一棵"微型树"，有很多枝丫

    C 处理的信息越多，神经细胞之间的联系就越多

    D 大脑改变自身结构的能力会随着年龄增长而消失

三、书 写

第 37 题：缩写。

（1）仔细阅读下面这篇文章，时间为 10 分钟，阅读时不能抄写、记录。

（2）10 分钟后，收起阅读材料，请你将这篇文章缩写成一篇短文，时间为 35 分钟。

（3）标题自拟。只需复述文章内容，不需加入自己的观点。

（4）字数为 400 左右。

在青岛生活若干年后，有一年春节期间，我和先生受邀到朋友家中吃饭。

那是个相当殷实的家庭。这对夫妻做生意多年，有了丰厚的财富积累。家有一女，十五六岁。一家三口住在东部海边一高档社区，住的房子装修得相当讲究。那顿餐食准备得很丰盛，大菜小菜有十好几个，长方形的餐桌摆得满满当当，我们吃得自然很开心。大家边吃边聊，谈住房、谈教育、谈养生、谈健康，话题和菜品一样丰富。

最后一道主食，热气腾腾的饺子端上了桌。我夹饺子时不小心筷子一滑，圆溜溜的饺子脱出控制，掉在脚下擦得晶亮的木地板上。这是个意外，我有些尴尬，忙下意识地弯腰捡起，又下意识地要扔进旁边的垃圾筒。这时，另一个意外发生了。女主人一边笑着安慰我"没事没事"，一边又制止我扔掉饺子。她说："别扔，给我！"我愣住了。不会吧？这么有钱的家庭，不会抠门成这样吧？掉到地上的饺子不让扔掉，难道还能再吃？谁吃？

在那个短暂的瞬间，我不知道女主人要干什么。我伸向垃圾桶的手僵在半空中，愈发地尴尬。女主人从容不迫，笑着接过饺子。她女儿——那位一直在饭桌上很安静的小姑娘，立即明白了母亲要干什么，马上起身去拿来一只一次性纸杯。女主人笑着说："就是沾了点儿灰，扔了怪可惜，一会儿让她拿去喂小猫。"边说，边将饺子剥了皮，将沾了灰的面皮扔进垃圾筒，将圆鼓鼓一团肉馅放进一次性纸杯。女主人顺便又从鱼盘里夹出两块细白的鱼肉，细心地剔了刺儿，一起放入纸杯。小姑娘看来非常了解自己的母亲，她将装了肉的纸杯拿离餐桌，很认真地放在门口玄关处。然后她冲我调皮地笑笑，说："阿姨，小猫可爱吃肉啦！"我方才明白其意。又奇怪，压根没见着家中有猫啊！便问："你们养猫啦？猫在哪儿呢？"女主人笑着回答："小区里的流浪猫，好几只呢，没人管，大过年的，怪可怜的。"

我和先生都沉默了。我仿佛上了一堂课：有关于节约、珍惜与善念。我想从这一刻起，对这个物质富裕的家庭，我们都有了全新的认识。餐饭结束后，这对夫妇送我们到楼下，他们的女儿，手里拿着那只纸杯，一声不响地跟在我们身后。我们在小区启动了车子，隔着车窗，我看到那位小姑娘一边快乐地学着小猫"喵喵"叫，一边弯下身，动作娴熟地将那只杯子放进花坛边的草丛里。

大约两年后，朋友家传来喜讯，他们的女儿考进北京一所无数高考生梦寐以求的重点大学。四年后，也就是去年，他们家又传来好消息，他们的女儿因品学兼优，被美国一所大学以奖励全额奖学金的方式录取读研。圈子里的朋友都觉得这孩子太幸运了。而我一点儿也不觉得有什么奇怪，我觉得那种家庭氛围熏陶出品学兼优的孩子，不是幸运，是必然。

走遍天下

4

一、听 力

第一部分 💿 13-1

第1-5题：请选出与所听内容一致的一项。

1. **A** 珍奇动物灭绝得更快

   B 老鼠不喜欢单独行动

   C 人类想尽办法消灭老鼠

   D 人类保护动物效果很好

2. **A** 原地跑步减肥成功概率高

   B 手脚并用原地跑趣味性强

   C 原地跑枯燥，但容易坚持

   D 跑步需要互动，需要鼓励

3. **A** 腌制食品的包装非常独特

   B 高血压病人不能吃腌制食品

   C 上班族经常在家制作腌制食品

   D 腌制食品含盐多，常吃不利于健康

4. **A** 谈话要简单、抓住重点

   B 会谈前应做好时间计划

   C 每个人都应有自由时间

   D 节省下时间能发现问题

5. **A** 余老师热爱每一个学生

   B 余老师的孩子没钱交学费

   C 邻居家的闲事余老师都管

   D 大伙把余老师看成最亲近的人

第二部分 💿 13-2

第 6-10 题：请选出正确答案。

6. A 她对考古研究情有独钟
   B 她多次去敦煌参观游览
   C 她把毕生精力献给了敦煌
   D 她自愿放弃了北京的生活

7. A 莫高窟的历史长达百年
   B 只有一批爱国人士去过敦煌
   C 全世界都知道敦煌艺术研究所
   D 三代学者为敦煌研究艰苦奉献

8. A 她写了敦煌石窟考古美术方面的书籍
   B 她写了石窟考古与艺术方面的论文
   C 关于古遗址科学保护及管理方面的
     探索
   D 利用计算机技术实现对文物的永久
     保存

9. A 可实现敦煌艺术的永久保存
   B 可代替人们去实地参观敦煌
   C 可回看百年之前的敦煌莫高窟
   D 可缓解自然对敦煌壁画的侵蚀

10. A "数字敦煌"价格便宜
    B "数字敦煌"更为环保
    C 游客直接看洞窟看不懂
    D 游客喜欢电影这种形式

第三部分 13-3

第 11–17 题：请选出正确答案。

11. A 德克夫妇为了旅行辞掉了工作

    B 德克夫妇一共去了 4 个国家

    C 环球旅行的费用全部来自公益活动

    D 环球旅行对德克夫妇来说是一场挑战

12. A 博物馆喜欢收藏这款车

    B 车是 1915 年生产的

    C 1997 年这款车坏了

    D 2012 年老夫妻租赁了这款车

13. A 车经常会出一些小问题

    B 这辆百岁老车一直很棒

    C 出发前德克夫妇已闻名世界

    D 德克夫妇长年帮助贫困儿童

14. A 没钱也要去旅行

    B 穷人不用去旅行

    C 心情好才适合旅行

    D 少花钱也可以旅行

15. A 高质量地写完了提案

    B 改善了一度疲惫的状态

    C 顺便在那里赚了一笔钱

    D 找到了一份更好的工作

16. A 拜访老友

    B 喝杯咖啡

    C 逛店聊天

    D 奖励自己

17. A 有钱要花在刀刃上

    B 旅游有助于调整情绪

    C 游山玩水花钱是浪费

    D 人都有心情不好的时候

二、阅 读

第一部分

第18-20题：请选出有语病的一项。

18. **A** 这件作品我整整做了10年，是我辛苦最多的。

    B 李老汉做的松皮扣肉远近闻名，饭店常请他帮忙，以便招徕食客。

    C 假如我不去留学，一直留在家里，我的人生完全会变成另外一副样子。

    D 他是专程赶到阿姆斯特丹，去看那些很慢、很长，又很有情怀的纪录片的。

19. **A** 他是很重友情的，永远会全心全意对待每一个朋友。

    B 全世界章鱼种类大约有650多种，它们的个头相差极大。

    C 初来乍到，我们既不熟悉当地风土人情，也听不懂他们的方言。

    D 在一个人的成长道路上，要是能够找到自己的指南针，就会少走许多弯路。

20. **A** 调查表明，城市各主要街道繁体字使用率高达39%。

    B 为了防止不再发生乱收费的问题，有关部门加强了管理。

    C 社会的发展变迁必然会在语言的词汇系统里留下时代印迹。

    D 他生活在繁华的都市，忙得日理万机，但他始终不能淡忘儿时的往事。

第二部分

第21-23题：选词填空。

21.鸟类在不同季节_____栖息地，或是从居住地移至越冬地，或是从越冬地_____
居住地，这种现象称为迁徙。鸟类因迁徙_____的不同可分为留鸟、夏候鸟、冬候
鸟、旅鸟、迷鸟等几个类型。

    A 交换   搬回   方法   B 更改   移居   风格
    C 转换   迁移   习俗   D 更换   返回   习性

22.卫星导航技术的发展_____有三：一是卫星导航的多系统并存，使系统可用性____
____提高，应用范围更大；二是多元组合导航技术得到_____应用；三是卫星导航
与无线通信等其他高科技相结合，从_____上促进 IT 技术的整体发展。

    A 趋势   得以   推广   根本   B 事业   可以   延伸   基础
    C 主流   能够   若干   基本   D 产业   获得   深入   本来

23._____凶猛的鲨鱼一般在海洋中上层活动，它能一口吞下成群的小鱼，还能咬死和
吃掉比它大的鱼或其他动物，奇怪的是，它从不吞食和它_____的小伙伴——向导
鱼。向导鱼在鲨鱼周围游来游去，反应_____，一点儿也不_____鲨鱼。

    A 脾气   不离不弃   灵活   畏惧   B 个性   难舍难分   灵敏   恐怕
    C 性情   形影不离   敏捷   害怕   D 性格   亲密无间   矫健   惊恐

第三部分

第 24–28 题：选句填空。

　　曾经有人说过，要么读书，要么旅行，身体和心灵，（24）_____。
　　生活在这个世界上，我们会遇见很多的人，经历很多的事，我们会感到困惑、疲惫。这个时候，（25）_____？在行走中领悟人生，在与大自然的接触中找到自我。

　　旅行，让人见多识广。在旅行中，我们可以看美丽的风景，了解新的文化习俗，（26）_____，所以不要再被束缚在书本里了，旅行吧，更好地去了解生存的意义。
　　旅行，能让我们的心灵得到一次真正的解脱，远离现实的复杂，远离城市的喧闹，（27）_____。行走在阳光下，徜徉在微风中。在那样的美景里，每一秒钟的自己都是全新的。
　　所谓旅行，并不光是去过多少地方，吃过多少美食，看过多少美景，而是在一个又一个的旅途中，对自己有不同的认识，对人生有不同的感受。其实，人生就是一次旅行，重要的不是目的地，（28）_____。

A 何不去旅行呢

B 远离所有的烦恼

C 我们还能发现那些在书本上找不到的东西

D 而是欣赏风景的心情

E 必须有一个在路上

第四部分

第 29—36 题：请选出正确答案。

29—32.

　　旅游，顾名思义是外出旅行游览。跋山涉水，观赏自然界的美丽风光，忘情于山水之间。

　　古人也喜爱这项情趣高雅的活动。大约 1500 年前，中国就有了"旅游"一词。当时的诗人沈约就有"旅游媚年春，年春媚游人"的诗句，意思是说"游客留恋春天的美景，春景也在取悦着游人"。

　　古人旅游交通不便，基本靠脚，其他交通工具多是驴车、马车或木船，大部分时间都要花在行程中，真所谓历尽艰辛，因此多数百姓是<u>就近</u>游玩。史载，唐朝，西安郊外曲江风光秀美，景色宜人。每年三月三、重阳节，曲水悠悠，亭台楼阁，游人如织。大家兴致高了，便登高作诗，借以助兴。

　　明末旅行家徐霞客一生志在四方，足迹遍及如今各省、自治区、直辖市。所到之处，探幽寻秘。徐霞客的传世之作《徐霞客游记》便是他旅行 34 年，撰写的一本以日记体形式完成的地理著作，主要记录了他观察到的人文、地理、动植物等状况。如今中国将 5 月 19 日定为"中国旅游日"，便是选择的《徐霞客游记》的开篇之日。

　　古人旅行是把心放在山水里，认为风景是属于懂它的人。在自然面前，山水之美，让人世间的是非恩怨都淡了。古人旅游的兴致与情趣令今人自叹弗如，让我们试着感受古人的旅游，心随山水走，诗意地行走于生活，尽情释放自己的真性情。

29. 古人旅行：
    A 寄情于山水之间　　　　　　　　　B 一心为喝酒写诗
    C 没有今人的兴致高　　　　　　　　D 在旅行中寻找人性

30. 第 3 段画线词语"就近"的意思是：
    A 靠近　　　　　　　　　　　　　　B 趁着近
    C 如果近　　　　　　　　　　　　　D 在附近

31. 古人旅游最大的困难是：
    A 行程不好定　　　　　　　　　　　B 交通不方便
    C 景点太集中　　　　　　　　　　　D 没有人组织

32. 为什么称徐霞客为旅行家？
    A 他旅行的时候坚持天天写日记　　　B 他用 34 年的时间写了一本游记
    C 他遍览中国名山大川并有著作传世　D 他号召设立了"中国旅游日"

33-36.

瑞士拉沃梯田式葡萄园，位于瑞士沃州莱蒙湖北岸一片 18 公里长的山坡上。800 多年来，这片"世外桃源"始终坚持人与自然的完美对话，在改造自然、战胜自然的同时，面对势如破竹的城市化进程依然独善其身，被称为"人间仙境"。

拉沃梯田式葡萄园总面积 898 公顷，包括 574 公顷葡萄园和散落其间的 14 个小村落。路特里——拉沃地区西端的第一个村落，就是梯田式葡萄园的起点。湖边一直平缓的山坡从这里开始变得险要，坡度从 25° 到 70° 不等，然而，这几乎直立的山坡上，却满是碧绿的葡萄园，18 公里长的坡地就像一条时宽时窄的翠带，丝毫看不出这里曾是一片多石少土的荒蛮之地。

拉沃梯田式葡萄园始建于 12 世纪中叶。起初教士们从山坡最为险要的地段开始开垦这片贫瘠的土地，他们用双手将山坡上的石头垒成一道道石墙，在石墙里堆上土，建成一道道梯田，种上一株株葡萄苗。随后，附近的村民也加入到改造山坡、种植葡萄的大军中。经过数个世纪的辛勤劳作，葡萄种植和酿酒已成为拉沃地区的支柱产业之一。这里生产的葡萄酒品牌远近闻名，德萨雷牌葡萄酒更是供不应求。

20 世纪 70 年代初，拉沃也面临着城市化的问题，甚至有人相中了这里的湖光山色、林木葱茏，一心一意要在这里建造高档别墅区，届时超级市场、娱乐场所、大型停车场等一样都少不了，果真如此，保持了几个世纪的拉沃地区梯田式葡萄园将会被彻底破坏掉。最后经过当地居民的不断努力，拉沃成功避免了城市化的侵犯。从 1998 年起，拉沃地区梯田式葡萄园开辟出 32 公里长的旅游步行线，人们可以步行在田埂小道上欣赏葡萄园。2007 年，拉沃梯田式葡萄园成功进入《世界文化遗产名录》，人们称它是"种出来的世界文化遗产"。

33. 800 多年来，拉沃梯田式葡萄园有过怎样的经历？
　　A 村里盖起了别墅　　　　　　　B 与城市化擦肩而过
　　C 葡萄园里有了娱乐场所　　　　D 这里酿出来的酒总是不够喝

34. 拉沃梯田式葡萄园的特点是：
　　A 葡萄园散落在村子里　　　　　B 葡萄都种在平缓地带
　　C 葡萄种在多石少土的山坡上　　D 几乎直立的山坡上种满了葡萄

35. 12 世纪中叶，拉沃地区发生了什么事？
　　A 教士们带头修建梯田　　　　　B 村民们学习种植葡萄
　　C 葡萄酒成了当地特产　　　　　D 这里的葡萄酒出名了

36. 最适合做上文标题的是：
　　A 美丽的葡萄园　　　　　　　　B 人与自然的完美对话
　　C 拉沃创造了人间奇迹　　　　　D 种出来的世界文化遗产

14 背着电饭锅拍北极

一、听 力

第一部分 💿 14-1

第1-5题：请选出与所听内容一致的一项。

1. **A** 古董车的历史比老爷车长

   B 外国人对车的评价十分经典

   C 外国人对车怀有尊敬、仰慕之情

   D 老爷车和古董车的区别在资料中有记载

2. **A** 消费者应该处处精打细算

   B 东西涨价，就会增加支出

   C 钱的潜在价值比商品价格更重要

   D 精明的消费者能够少花钱多办事

3. **A** 绿色包装对人体健康无害

   B 绿色包装的颜色都很自然

   C 绿色包装不支持重复使用

   D 绿色包装都使用再生资源

4. **A** 春节后是公司生产的旺季

   B 春节后单位人员流动很大

   C 很多部门经理工作抓得不够紧

   D 公司应事先掌握人员变动情况

5. **A** 我访问过许多艺术家

   B 全球化包括文化交流

   C 艺术家的一举一动都有文化烙印

   D 艺术家的气质、风度很令人信任

第二部分　🔘 *14-2*

第6–10题：请选出正确答案。

6. **A** 他非常欣赏这位记者

　 B 他不想再冷漠下去了

　 C 他觉得别人误解他了

　 D 他演完戏后有时间了

7. **A** 娱乐圈

　 B 谈话圈

　 C 记者圈

　 D 百姓圈

8. **A** 他对喝酒没兴趣

　 B 他本来话就不多

　 C 他痛恨别人啰唆

　 D 他怕自己喝醉了

9. **A** 可以赢得竞争

　 B 可以静心思考

　 C 可以排解压力

　 D 可以听钢琴曲

10. **A** 他只懂得自我欣赏

　　 B 他的性格非常冲动

　　 C 他很冷漠看不起人

　　 D 他喜欢安静和思考

第三部分　💿 14-3

第 11-17 题：请选出正确答案。

11. A 摄影家

　　B 旅行家

　　C 火车司机

　　D 火车维修员

15. A 它们打不过海豹

　　B 它们变得强悍了

　　C 它们爱上了鱼虾

　　D 它们改成了吃草

12. A 他天天在铁路边玩耍

　　B 他爸爸是一个火车迷

　　C 他每天观察来往的火车

　　D 中国铁路发展史吸引了他

16. A 它们不断发扬奉献精神

　　B 它们和其他动物争夺食物

　　C 它们找到了最爱吃的竹子

　　D 它们变成了被抢救的濒危物种

13. A 王嵬始终拍不全完整的曲线

　　B 王嵬的照片被选入了历史书

　　C 火车穿越隧道时要走 S 型线路

　　D 卓资山大曲线现在已经废弃了

17. A 要敢于迎接挑战

　　B 要勇敢面对失败

　　C 要慎重做出决定

　　D 要保护弱势群体

14. A 它们只会争论，不懂团结

　　B 它们只适合在森林中生活

　　C 火灾破坏了它们平静的生活

　　D 它们本不该把家安在森林里

二、阅 读

第一部分

第 18-20 题：请选出有语病的一项。

18. **A** 整部书的完成是我一边采访一边写作的状态下完成的。

  B 旅行团一到，好马很快就被抢光了，我们只能将就了，否则就没马骑。

  C 从纪录片产生到今天，纪录片的资金筹措问题从来就没有得到过解决。

  D 科学地确定发展模式和奋斗目标，是时代向我们提出的刻不容缓的任务。

19. **A** "糖瓜"是这里过年流行的美食。

  B 有人认为，过年觉得没意思也许跟年味逐年冷淡有很大关系。

  C 老汉不善言辞，但讲起制作松鼠鱼繁复的过程，他立刻滔滔不绝。

  D 这个徽州女人和她不太会讲话的儿子，把这家豆腐房经营得红红火火。

20. **A** 这一改革措施必将引起城市内部一系列的连锁反应。

  B 几年来，他一有机会就鼓动我跳槽，让我辞了现在仍从事的这份工作。

  C 唐朝的很多王公将相，甚至连唐太宗的皇后长孙氏，都出身于少数民族。

  D 当这些美食放大许多倍呈现在大银幕上时，的确产生了震撼的味觉效果。

第二部分

第 21-23 题：选词填空。

21. 孩子参加劳动，既是学习过程，又是_____过程，在这个过程中自然会有成功和失败。这就要求父母鼓励孩子_____困难，建立信心和决心，学会做自己_____的事情。

A 磨炼	打赢	随心所欲
C 锻炼	战胜	力所能及

B 磨合	无视	得心应手
D 练习	克服	无能为力

22. 表情是_____的外部表现，有的表情是人类生物学性质的本能表现。一般婴儿会毫不_____地表露自己的情绪，_____则根据社会的要求调整其情绪表现方式。儿童从 2 岁开始就能够用表情手段去_____别人，并学会在不同场合用不同方式表达同一种情感。

A 情绪	保留	以后	影响
C 感情	在意	然后	感化

B 心境	保守	后来	管理
D 心情	保密	往后	感染

23. 我们_____会碰到这样的老人：他们总怕儿女不会_____自己，要竭尽全力地为他们操劳；他们总要关注家里的大事小情，生怕缺了他们一切变得_____。他们以为这就是爱，实际上这种捆绑关系往往会造成灾难性的_____，因为孩子往往不喜欢你太多地唠叨。

A 时常	照顾	一团糟	后果
C 曾经	关照	乱糟糟	苦果

B 不时	看护	乱哄哄	结果
D 迟早	照料	乱腾腾	成果

第三部分

第24-28题：选句填空。

赤道为低气压区，由赤道两侧吹向赤道的东北信风和东南信风，驱动赤道南北两侧的海水由东向西流动。(24)_____，南面的称为南赤道暖流。赤道暖流到达大洋西岸时，受陆地阻挡，其中一小股回头向东形成赤道逆流；大部分受地转偏向力的影响，沿海岸向较高的纬度流去，至中纬地区受西风吹动形成西风漂流。(25)_____，一部分沿

大陆西岸折向低纬，成为赤道暖流的补偿流；另一部分沿大陆西岸折向高纬，构成极地环流。

赤道是物种的制造厂。与其他未能这么幸运地享受到这一地理位置优势的物种相比，(26)_____，无论从温度、湿度还是从可获取的食物来看，都是如此。生活在这片乐土上的唯一不利因素，(27)_____！

在赤道，动植物比其他地方的动植物长得更快、更大，而且外形更怪异。(28)_____。由于这里的阳光使海洋大量蒸发，这种冲击会在这样一个大范围中形成湿度柱，进而形成风和潜流，而风和潜流随后会最终给位于异常遥远的地方的生命提供能量。

A 赤道动物简直是生活在一个近乎完美的环境中

B 赤道地区的阳光是地球上最强劲的能量

C 北面的称为北赤道暖流

D 当它们到达大洋东岸时

E 就是要与地球上半数以上的物种分享资源

第四部分

第29-36题：请选出正确答案。

29-32.

　　上小学的迪士尼是个聪明调皮的小男孩，他在文学和绘画方面有着惊人的天分。不到十岁，他便读完了马克·吐温的《汤姆·索亚历险记》等名著，老师的绘画作业，他每次都能完成得十分出色。

　　一次，老师给大家留的作业是画一盆花。在迪士尼手下，不光花朵变成了人脸，花形的人脸还有各种不同的表情，花朵下面的叶子被画成了人手，最下面的花盆变成了一把小椅子。这样，整幅画看上去既像是一盆花，又像是一群坐在小椅子上手舞足蹈的孩子。

　　老师看到迪士尼的画儿既惊奇又生气，他不认为这是孩子的开拓性思维，反而认为他是在胡闹，于是当众把迪士尼的画撕得粉碎，还把他批评了一顿。满肚子委屈的迪士尼回到家中，把这件事告诉了父亲。父亲说："孩子，不能掌握自己命运的人，终生都会是一个奴隶。"幼小的迪士尼不能完全理解父亲的话，却隐约感到父亲是支持自己的。

　　迪士尼长大了，一有空闲，他就创作一些画儿寄给杂志，虽然屡屡遭遇退稿，倔强的迪士尼却是屡败屡战。1923年，迪士尼与哥哥毅然合作成立了"迪士尼兄弟公司"，在好莱坞一家房地产公司废弃的仓库里度过了最初的艰难后，他们创作的米老鼠和唐老鸭横空出世，迅速享誉世界。

29. 和第1段画线词语"天分"意思最相近的是：
　　A 成绩　　　　　　　　　　　**B** 想法
　　C 能力　　　　　　　　　　　**D** 天资

30. 迪士尼的老师：
　　A 急了就拿孩子撒气　　　　　**B** 讨厌拿作业开玩笑
　　C 不能理解孩子的心灵　　　　**D** 鼓励孩子发挥创造性

31. 关于迪士尼，下列哪项正确？
　　A 创办过一家美术杂志社　　　**B** 小学老师给他的打击很大
　　C 曾经开过一家房地产公司　　**D** 能捕捉到父亲语言中的积极因素

32. 上文主要介绍的是：
　　A 迪士尼的成长过程　　　　　**B** 迪士尼的不幸遭遇
　　C 迪士尼有个好父亲　　　　　**D** "迪士尼兄弟公司"的由来

33–36.

　　人们往往容易低估别人的工作难度，以为对方的工作是极易完成的。这往往会体现在一个有多种职务的公司里，员工们的评论总是偏向自己，比如搞技术的可能会埋怨搞销售的没有把自己创造的产品卖得更好，搞销售的会埋怨搞技术的没有设计出更好的产品，他们都觉得和自己比，别人相差太远。

　　一位足球教练曾经这样描述一些站着说话不腰疼的球迷："他们坐在看台上，看着球场里的运动员无法把球传给几米外的队友，会气急败坏地抱怨场上的运动员，因为他们觉得这么轻而易举的事对方都做不到。"是什么导致人们总以为别人的工作比较轻松？有研究显示，这一现象是人的正常心理和生理反应，经考察，其神经学上的根据就是，大脑的运作方式让人们得出了"别人比自己轻松"的判断。

　　当人们观察别人做某件事情时，观察者的运动神经系统会仿真对方的行为。这一仿真行为可以帮助观察者理解对方的动作、用意与目标。但这种仿真往往会出现偏差，毕竟观察者是在想象，需要有什么结果，一想就获得了，所以觉得该项工作做起来并不难。然而，如果让观察者去做一件事，他的动作就会干扰自己的大脑产生理解上的差别，认为自己的工作有难度，而且自己既用功又勤奋。最直观的例子就是：假设你是一名工人，整天在生产线上忙碌地装配产品，那么，你肯定看身旁那些在设备旁晃来晃去的技术人员不顺眼，总觉得自己在拼命工作，他们却在混日子。

　　这个研究的意义是重大的，它可以促进人们的相互理解，尽量消除自己的大脑对别人工作产生的误解，减少负面情绪的产生和释放。

33. 在有多种职务的公司里，往往会发生什么情况？
　　A 员工容易工作偷懒　　　　　　　B 员工经常互相鼓励
　　C 员工工作挑肥拣瘦　　　　　　　D 员工认为别人不努力

34. 足球教练的描述说明什么？
　　A 看球容易让人生气　　　　　　　B 教练也常被人误解
　　C 腰疼的球迷看不懂球　　　　　　D 球迷常低估球员传球的难度

35. 当我们观察别人做某事时会：
　　A 进行仿真的心理体验　　　　　　B 充分发挥自己的想象
　　C 大脑的理解能力变差　　　　　　D 无法摆脱负面情绪的误导

36. 第 2 段画线词语"轻而易举"的意思是：
　　A 只有自己能做　　　　　　　　　B 事情很容易做
　　C 结果来之不易　　　　　　　　　D 稍微用心就行

一、听 力

第一部分 💿 15-1

第1-5题：请选出与所听内容一致的一项。

1. A 皇帝要去承德避暑了

   B 7月的北方气候舒适

   C 避暑山庄的宫殿十分简朴

   D 紫禁城里有一片美丽的园林

2. A 女儿是个科学家

   B 女儿是个飞行员

   C 很多人付出了心血

   D 很多人来祝贺女儿

3. A 她喜欢旅游途中读书

   B 她有一家自己的餐厅

   C 她喜欢读与旅游相关的书

   D 她喜欢做出美味与朋友共享

4. A 李小龙有书出版

   B 李小龙口才很好

   C 李小龙十分有天赋

   D 没人想复制李小龙

5. A 学科产生是社会发展的必然

   B 学科存在的前提是对社会有用

   C 学科的功能、价值迟早会消失

   D 随着社会的发展将不再区分学科

第二部分 🔘 15-2

第6—10题：请选出正确答案。

6. **A** 因为能够认识更多有身份的人

   B 因为别人能告诉你哪里风景好

   C 因为能与不同的人面对面交流

   D 因为能够了解各地的风土人情

9. **A** 车主是个汉族人

   B 车主也喜欢旅游

   C 车主喜欢有人聊天儿

   D 车主对西藏不太熟悉

7. **A** 美国人在中国经常搭车旅行

   B 很早以前中国人就搭车旅行

   C 三个月以前有人尝试搭车旅行

   D 谷岳、刘畅的搭车旅行影响了中国人

10. **A** 西藏的生态环境很好

    B 西藏的江河湖海很美

    C 一路的景色自然纯朴

    D 积累的作用不能小看

8. **A** 对未知的神往

   B 对已知的期待

   C 对艰辛的恐惧

   D 对能力的提升

第三部分   15-3

第 11-17 题：请选出正确答案。

11. **A** 生态已经入不敷出

　　B 地球资源已近枯竭

　　C 地球已无法再制造资源

　　D 人类对再生资源利用不够

12. **A** 壁虎的自愈能力非常强

　　B 地球资源是取之不尽的

　　C 地球修复是需要时间的

　　D 污染的水无法自行净化

13. **A** 地球补充资源的速度变慢了

　　B 地球的修复时间越来越快了

　　C "地球生态超载日"不好计算了

　　D "地球生态超载日"越来越提前了

14. **A** 陆上丝绸之路

　　B 海上丝绸之路

　　C 南方丝绸之路

　　D 运送丝绸的路

15. **A** 他是一位地理学家

　　B 他是很有影响力的学者

　　C 他写过一本书叫《中国》

　　D "丝绸之路"名字的由来

16. **A** 新疆

　　B 西安

　　C 甘肃

　　D 中亚

17. **A** 有了丝绸之路中国才有了马匹

　　B 中国出口商品中丝绸影响最大

　　C 陆路贸易通道在当时更受欢迎

　　D 丝绸之路是贸易往来的唯一通道

二、阅 读

第一部分

第 18-20 题：请选出有语病的一项。

18. **A** 皮格马利翁是古代塞浦路斯的一位善于雕刻的国王。

    B 这天，邻居家办喜事，请我去写对联，回来时已近中午。

    C 他的豌豆杂交试验历时 7 年，他逐个地分析了数以万计的种子和植株。

    D 制作糖瓜很难勾起年轻人的积极性，天天起早贪黑不算，还挣不了多少钱。

19. **A** 每到开花季节，勤劳的蜜蜂到处采集花蜜，然后酿成蜜糖。

    B 他是我们班学习最努力的学生，我断定他大概会考上大学。

    C 这里环境优美，迷人的峡谷装饰着四时各异的色彩，令人流连忘返。

    D 鸳鸯既吃小鱼小虾和昆虫一类动物性食物，也吃稻谷、草籽等植物性食物。

20. **A** 他家过年的餐桌上曾经必备的一道菜，还有蛋饺。

    B 具有锲而不舍追求真理的精神是一个人走向成功的必要因素。

    C 计划工作是为实现组织未来目标铺平道路的，其本身就具有前瞻性。

    D 21 世纪，经济全球化的浪潮汹涌澎湃，金融一体化则是经济全球化的关键。

第二部分

第 21–23 题：选词填空。

21. "温室_____"使全球气候变得_____，许多地方发生干旱或洪涝，还会使冰山融化，海平面_____，海拔低的国家或岛屿有可能被淹没。

A 效果	反常	抬高		B 效应	异常	升高
C 现状	失常	提升		D 现象	特别	提高

22. 石林是世界_____的风景名胜，是大自然的_____之作。在广达 400 平方公里的区域内，_____着上百个黑色大森林一般的巨石群。有的独立成景，有的_____交错，连成一片。

A 珍稀	出色	充满	时而	B 拥有	鬼斧	漫布	犬牙
C 目睹	经典	遍及	重叠	D 罕见	杰出	遍布	纵横

23. 随着人口的增加和耕地面积的减少，对农业生产的要求也越来越高，科学家必须_____更多高产、优质、抗病虫的动植物_____，提供效率更高的高产优质生产_____和更好保护地球环境的_____发展策略。

A 培育	品种	技术	可持续	B 培养	种类	技能	可利用
C 养育	产品	能力	可行性	D 耕种	商品	本领	可靠性

第三部分

第 24-28 题：选句填空。

世界文化遗产，是一项由联合国发起、联合国教育科学文化组织负责执行的国际公约建制，以保存对全世界人类都具有杰出普遍性价值的自然或文化处所为目的。（24）_____，世界文化遗产属于世界遗产范畴。

世界遗产分为自然遗产、文化遗产、自然遗产与文化遗产混合体（即双重遗产）、文化景观遗产 4 类。国际文化纪念物与历史场所委员会等非政府组织作为联合国教科文组织的协力组织，（25）_____。

1972 年，联合国教科文组织在世界文化遗产总部巴黎通过了《保护世界文化和自然遗产公约》，（26）_____，其宗旨在于促进各国和各国人民之间的合作，（27）_____。

自中华人民共和国在 1985 年 12 月 12 日加入《保护世界文化与自然遗产公约》的缔约国行列至今，世界文化遗产、世界文化景观遗产、世界文化与自然双重遗产、世界自然遗产，（28）_____。

A 成立联合国教科文组织世界遗产委员会

B 参与世界遗产的甄选、管理与保护工作

C 均有经联合国教科文组织审核被批准列入《世界遗产名录》的项目

D 为合理保护和恢复全人类共同的遗产做出积极的贡献

E 世界文化遗产是文化的保护与传承的最高等级

第四部分

第 29-36 题：请选出正确答案。

29-32.

　　三江并流自然保护区是世界上蕴藏最丰富的地质地貌博物馆。4000 万年前，印度次大陆板块与欧亚大陆板块大碰撞，引发了横断山脉的急剧挤压、隆升、切割，高山与大江交替展布，形成世界上独有的三江并行奔流 170 千米的自然奇观。

　　三江并流是一个很大的区域。准确地讲，是指长江上游的金沙江、湄公河上游的澜沧江以及怒江三条大江的并流区域，三江并行奔流，穿越于崇山峻岭之间，形成世界上罕见的"江水并流而不交汇"的奇特自然地理景观。

　　三江并流地处东亚、南亚和青藏高原三大地理区域的交汇处，是世界上罕见的高山地貌及其演化的代表地区，也是世界上生物物种最丰富的地区之一。三江并流自然保护区总面积 3500 多平方公里。景观主要包括三江并流、高山雪峰、峡谷险滩、林海雪原、冰蚀湖泊，广阔美丽的雪山花甸、丰富的珍稀动植物、独特的民族风情等。同时，该地区还是 16 个民族的聚居地，是世界上罕见的多民族、多语言、多种宗教信仰和风俗习惯并存的地区，是一块令人神往的<u>处女景区</u>。

29. 关于三江并流的形成，下列哪项正确？
　　A 是横断山脉断裂的结果　　　　B 是江水奔流冲刷的结果
　　C 是大陆板块碰撞的结果　　　　D 是人为改造自然的结果

30. 三江并流的奇特之处在于：
　　A 三条大江都很长　　　　　　　B 三条大江都很有名
　　C 三条大江都发源于长江　　　　D 三条大江并行而不交叉

31. 关于三江并流，下列哪项正确？
　　A 那里的景观丰富壮丽　　　　　B 那里的生态保护做得不好
　　C 那里的动物种类为世界之最　　D 那里的百姓聚居在 16 个区域

32. 第 3 段画线词语"处女景区"的意思是：
　　A 尚未开发的景区　　　　　　　B 神仙都想去的景区
　　C 女人比男人多的景区　　　　　D 母系民族文化尚存的景区

33-36.

　　1981 年，法国创设"最美乡村"品牌，至今已有 157 个古镇被列入法国文化遗产保护范围。有着 1000 多年历史的古镇贝弗龙，就是"最美乡村"之一。为保持原生态，贝弗龙严格控制商业用房的开发数量，至今依旧只有一家面包店、一家小超市和为数不多的几家咖啡馆与餐馆。虽然生活不太方便，但保护与开发的平衡发展为贝弗龙赢得了生机，也给村民带来了实实在在的好处。

　　英国古城镇的保护与 19 世纪兴起的历史文化遗产立法运动息息相关。《古迹保护法令》《城市规划法令》《古建筑及古迹法令》《地方政府古建筑法令》等多部专门的法律法规相继出台。根据这些法律规定，凡是 1840 年前的建筑物，都要加以保护，不得更改外观。

　　在德国，保护、修复甚至重建古城和古代建筑很少引发德国公众大讨论。二战后，德国人努力按照原样修复或重建历史建筑，由此形成的"老建筑"无不以假乱真。为保护和修复古建筑以及古镇，德国政府积极采取措施吸引投资者参与，同时通过立法约束确保古建筑保护到位。

　　中国古镇的开发、保护热潮早已席卷全国，除了乌镇、丽江、凤凰这些游客早已<u>耳熟能详</u>的古镇外，四川的丹巴藏寨，几百幢民居依山就势，融于自然之中，体现了天人合一的理念；新疆的图瓦村环境优美，四周山清水秀，充满着古朴的原始色彩；云南的哈尼村落坐落在美丽的田园之中，与梯田、庄稼相依相谐，如同仙境一般；腾冲的和顺古镇有清代民居 100 多座，风光如诗如画，被誉为中国古代建筑的活化石。

33. 法国贝弗龙古镇：
　　A 开发中避免了过度商业化　　　　B 只为村民想，不为游客想
　　C 生活不方便阻碍了它的发展　　　D 在保护与开发之间经常摇摆

34. 在英国：
　　A 开展了古镇保护的讨论　　　　　B 就城市建设有一系列法令
　　C 曾兴起历史文化遗产立法运动　　D 1840 年前的建筑物可以更改外观

35. 德国的"老建筑"：
　　A 都是假的　　　　　　　　　　　B 修复后一点儿痕迹不露
　　C 全部由投资者参与修复　　　　　D 通过立法决定是否进行保护

36. 和第 4 段画线词语"耳熟能详"意思最相近的是：
　　A 熟能生巧　　　　　　　　　　　B 轻而易举
　　C 耳闻目睹　　　　　　　　　　　D 家喻户晓

一、听 力

第一部分 🖸 16-1

第1–5题：请选出与所听内容一致的一项。

1. A 北京人不喜欢私立学校

   B 北京人对交赞助费习以为常

   C 京华私立学校成立于解放前

   D 私立学校的所作所为让人吃惊

2. A 运动不当会产生错觉

   B 过河时必须注意安全

   C 过桥时注视哪里很重要

   D 流动的河水突然静止了

3. A 状态不积极就不可能有好机遇

   B 好的经济地位是因为遇到积极的人

   C 积极状态指好成绩、好地位这些指标

   D 积极状态与心理素质、人生态度有关

4. A 舍弃快节奏才是正确的做法

   B 世界上近半数人患有焦虑症

   C 没有兴趣爱好的人生活很轻松

   D "大工业"是"快文化"的产物

5. A 偷猎藏羚羊的事件在减少

   B 偷猎藏羚羊的人枪法很准

   C 偷猎藏羚羊的人都很紧张

   D 藏羚羊遭受到很大的打击

第二部分 16-2

第 6–10 题：请选出正确答案。

6. **A** 因为它天真可爱

  B 因为它身处险境

  C 因为它是一种濒危动物

  D 这是人们给它的特殊待遇

7. **A** 人类不再给熊猫种植竹子

  B 人类活动不利于竹林生长

  C 人类改变了大熊猫的习性

  D 人类活动导致了气候变化

8. **A** 爱吃肉

  B 速度快

  C 穴居

  D 杂食

9. **A** 大熊猫太懒

  B 大熊猫太可爱

  C 大熊猫不会爬树

  D 大熊猫消化能力差

10. **A** 动物生存的条件

  B 怎样保护大熊猫

  C 大熊猫濒危的原因

  D 人类为什么喜欢大熊猫

第三部分 🔘 16-3

第 11-17 题：请选出正确答案。

11. A 上班前起不来
    B 对报酬不满意
    C 从情感上厌恶
    D 干起来很吃力

12. A 有成就感
    B 让人不痛快
    C 发现它的价值
    D 引来别人的好感

13. A 没有远大的目标
    B 不遵守劳动纪律
    C 随随便便就不干了
    D 不向资深员工学习

14. A 自私
    B 粗暴
    C 悲观
    D 正义

15. A 人的生活空间变小了
    B 自然资源变得稀有了
    C 大家生活在同一个世界里
    D 每个人的一举一动都涉及他人

16. A 认清敌我
    B 增加修养
    C 爱护自然
    D 实现自我

17. A 不要让大自然成为我们的敌人
    B 全球化使我们的世界不断变小
    C 我们可设法拓展自己的生存空间
    D 人与人、人与自然应该和谐相处

二、阅 读

第一部分

第 18-20 题：请选出有语病的一项。

18. **A** 你的字要写得清楚些，否则难以辨认。

   B 见了面，我心里、他心里都踏实了，我们相互需要对方的支撑。

   C 工地上，挖掘机、装卸机和十几辆翻斗车正在工作人员的指挥下挖土。

   D 就这样，一个濒临死亡的国有工厂摇身变成了城市最具时尚气质的地方。

19. **A** 他才来，许多人还不认识。

   B 他整日忙忙碌碌，每天在公司和用户之间来回奔波。

   C 可以说，一个从小学会这种语言的人就是使用这种语言的权威。

   D 他出身于名门世家，他父亲是清朝末年戊戌维新运动的领袖人物。

20. **A** 会议顺顺当当开了 3 个小时，所有议题都讨论完毕。

   B 我们不断要提高和培养自己的发现问题和解决问题的能力。

   C 这些统计方法都比较复杂，必须应用一些现成的计算机统计程序。

   D 《口述中国——口述与文献，谁能还原历史》一书于 2004 年出版。

第二部分

第21-23题：选词填空。

21. 人生在世，若能时时_____心甘情愿的_____为理想奋斗，必能有苦时不觉苦，有难时不觉难。这样，一切_____都可迎刃而解，而且无愿不成。

    A 从   心情   逆境   **B** 打   高度   绝境
    C 凭   智慧   坎坷   **D** 以   态度   困境

22. 自然语言太过_____，人们没有办法让机器全部接受。如果我们把自然语言_____得很透彻，连机器也能_____，那么人和机器就能直接对话，_____经过算法语言的中介了。

    A 复杂   分析   识别   不必   **B** 麻烦   解析   鉴别   未必
    C 繁复   剖析   辨认   不妨   **D** 丰富   解剖   评估   不大

23. 综述是议论文的一种形式，是某一学术研究领域在一定_____内发展情况的研究总结，即_____需要研究的课题，从一定时期内相当大量的专门选定的原始文献中摘取材料，利用这些材料对问题进行_____性描述，在系统归纳和加工整理的基础上，表明作者的_____。

    A 区域   本着   特定   立场   **B** 时期   针对   综合   观点
    C 季节   对准   细节   态度   **D** 期间   根据   一般   发现

第三部分

第24-28题：选句填空。

有一天，巴洛教授在树林边散步的时候，发现最粗最壮的那棵红杉树上出现了蚂蚁浩浩荡荡的队伍。显然，（24）_____。巴洛教授决定把它们从树上赶走。

教授在树干上找到了蚂蚁进出的洞穴，（25）_____。可是第二天教授过来一看，毫无成效，蚂蚁早已把泥巴的边缘打穿，自由出入了。这一次，教授找来了更结实的木块，（26）_____。结果，还是不能阻止这帮家伙快乐地进进出出。后来，教授听人说蚂蚁很怕胶水和樟脑丸，就将胶水和樟脑丸混在一起，封住蚂蚁洞口。这一招似乎有些效果，蚂蚁们不敢从洞口经过了。然而，一周后，（27）_____，蚂蚁们在远离樟脑丸的树干上重新打开了一个洞口。

教授对蚂蚁产生了浓厚的兴趣，他苦苦地琢磨，在与蚂蚁的战斗中，（28）_____？很快，教授找到了答案：是蚂蚁对环境的超强适应能力。

A 牢牢地堵住入口

B 用湿泥巴将洞口结结实实地封死

C 教授遗憾地发现

D 蚂蚁把红杉树当成了它们的家

E 我为什么一次次败下阵来

第四部分

第 29-36 题：请选出正确答案。

29-32.

彭懿大学本科学的是昆虫专业，硕士读的是教育学，博士专攻文学。现在做研究，主要研究方向是幻想小说及图画书。他是个少有的跨界作家。在中国，很多人都认可彭懿是"幻想文学的倡导人"。他不仅创作幻想小说，还翻译了大量图画书，另外著有学术著作。

他的《图画书：阅读与经典》颇具影响力，透过实例告诉读者如何从头至尾阅读一本图画书，被誉为"中国儿童文学理论界一本填补空白的图画书论"，畅销十万册，成为中国父母选购图画书的指南。

年初，彭懿的图画书处女作《妖怪山》上市，当月即加印，创造了国内原创图画书的奇迹。"每个人心中都有一座'妖怪山'。愧疚、自责、悔恨……如果没有足够的勇气，它就是一座藏在内心深处的'妖怪山'，无法碰触、不敢直面。"说起自己十年磨一剑的新书，彭懿还拿出了《妖怪山》插图作者九儿给他寄来的手稿翻给我们看："我喜欢写妖怪，我相信每个孩子的心里都住着个小妖怪。"彭懿对九儿的插画极尽赞美："光画就用了两年，改了好几稿，每个细节都颇具匠心。"

29. 为什么说彭懿是个跨界作家？
   A 他学过教育学和文学 　　　　　　 B 他写小说，还画插图
   C 他研究幻想小说和图画书 　　　　 D 他兼顾小说创作、翻译和学术研究

30.《图画书：阅读与经典》的主要内容是：
   A 童话故事 　　　　　　　　　　　 B 图书选购指南
   C 告诉人们怎样读图画书 　　　　　 D 告诉家长如何做父母

31.《妖怪山》最可能写的是：
   A 童年的心事 　　　　　　　　　　 B 山上的妖怪
   C 不健康的心理 　　　　　　　　　 D 不敢面对的痛心事

32. 关于彭懿的《妖怪山》，下列哪项正确？
   A 一出版就被读者追捧 　　　　　　 B 作者和女儿一块儿写的
   C 书的出版是一个奇迹 　　　　　　 D 作者对插图的要求很高

33–36.

  大多数摄影师喜欢用多张照片构成的组图来讲述故事，因为仅仅一张照片，往往不足以把一个影像故事表达完整。这就向摄影师提出了更高的要求：摄影师不能只会拍照片，还要学会用编辑的思维进行视觉的流畅表达。

  杂志上用图片讲故事始于 20 世纪 30 年代。当编辑们意识到在跨页上刊登成系列的照片可以以一种跟纯文字完全不同的方式来讲故事的时候，它成为一种独特的立体叙事手法。《生活》杂志给这种手法起名为"图片故事"，并让它得到充分的发展。

  早期图片故事中最经典的作品之一是尤金·史密斯1948 年为《生活》杂志拍摄的"乡村医生"。这个故事有很多前期准备，包括寻找一个戏剧化的环境和一个比较<u>上镜</u>的主角。这个故事的编辑架构有两个层面：首先是最表层的，这是一个人物故事，读者有机会看到一个富有同情心而且身份重要的社区成员的生活；另一个层面就是，它反映当时的政策，这也是一个关于现代医疗落地的故事。

  在进行版面设计的时候，对于疲惫的医生泡好咖啡的摆拍照片是否该用整版的问题，摄影师和编辑的意见稍有不同，经过商讨，最后还是统一了。大多数图片故事都需要进行一定程度的摆拍、重新安排以及现场导控，以便让图片和编辑思路一致。这么做是为了更好地把现场的神韵传达到图片当中，这是完全符合职业操守的。

33. 拍摄"图片故事"，对摄影师的要求是：

  A 擅长跨页排版   **B** 具有良好的职业操守

  C 能用文字方式流畅表达故事   **D** 能以编辑的思维用照片进行立体叙事

34. 第 3 段画线词语"上镜"的意思最可能是：

  A 被导演选中   **B** 出现在影视作品中

  C 无意中被别人拍摄到   **D** 在镜头中的相貌比本人好看

35. 关于"乡村医生"，下列哪项正确：

  A 幽默并具有戏剧性   **B** 是《生活》杂志拍摄的

  C 是最经典的图片故事之一   **D** 拍摄中发明了摆拍的方式

36. 下列哪项最适合做上文的标题：

  A 关于"图片故事"   **B** "图片故事"是一种尝试

  C "乡村医生"的拍摄经过   **D** 致力于"图片故事"创作的摄影师

三、书 写

第 37 题：缩写。

（1）仔细阅读下面这篇文章，时间为 10 分钟，阅读时不能抄写、记录。

（2）10 分钟后，收起阅读材料，请你将这篇文章缩写成一篇短文，时间为 35 分钟。

（3）标题自拟。只需复述文章内容，不需加入自己的观点。

（4）字数为 400 左右。

凌晨，杨赫出发了，从市区赶往海子水库。

每年三四月份，是候鸟从南方向北迁徙的季节，海子水库是候鸟停留期间的主要栖息地。到达水库边，天还没有大亮，极目远眺，对面点点白色就是大天鹅的身影。今天，他要与保护站的其他队员一起，完成巡护记录、图片拍摄、鸟群健康状况统计、周边环境安全调查以及种类分析等工作。

杨赫是野生动物保护站的青年志愿者，常年从事野生动物救助和保护工作。每年春秋两季，候鸟南迁北飞，他都要为候鸟的健康、安全保驾护航。

杨赫是这个保护站里的老队员，他在首都机场工作，一个偶然的机会，他知道了这个野生动物保护站。每天可以在山林里转，接触不经修饰、最本真的大自然，这样的生活，他无比向往，于是他志愿加入了保护站。

做野生动物保护工作，的确可以领略到壮美的湖光山色，看到平时难得一见的美景，但不同于一般的志愿服务，野生动物保护者的足迹要遍布山野，其中的艰苦，不说也能想象得到。可是，对杨赫来说，守护着迁徙路过北京的几万只候鸟，看着它们在自己面前起飞、降落，听着它们的叫声，那幸福，没有语言能够形容，这也是他与候鸟每年的"约定"。

不久前，有个村子，到了开春和收获的季节，野猪总是不请自来，村民防不胜防。而且野猪糟蹋粮食后，村民就没有了收入。人与野生动物之间的矛盾日趋紧张。野生动物保护站得知这个消息后，在村里设了分站，一方面劝说村民不要伤害野猪，它们也是国家保护动物；另一方面，保护站用了一年多的时间寻找野猪下山的主要路径，在野猪饮水的地方架设多台红外线相机进行监测，然后通过投狼粪、在树上挂光盘等方法，成功阻止了野猪的进犯。

虽然野生动物保护工作能够亲近自然，可他们也时时与危险相伴。每次上山，六七十度的陡坡，都是在考验野生动物保护者的经验和体力，有时石头一碰就会滚落下来。可以说，每次登山都是险象环生。尽管面对危险，杨赫却说："从事野生动物保护的人有个共性，他们都有一颗热爱自然、向往自然的心。他们从心出发，愿意做大自然的守护者，这是这代年轻人的使命，也是对自然的一份承诺。"

美丽家园

5

一、听 力

第一部分 🔘 17-1

第1–5题：请选出与所听内容一致的一项。

1. **A** 身体不好就不适合教书

   B 老师的情绪会影响学生

   C 好老师未必能教出好学生

   D 老师上课都会集中注意力

2. **A** 精装书便于阅读

   B 平装书价格便宜

   C 收藏精装书是享受

   D 说话人喜欢欣赏书

3. **A** 仿生学等同于生物学

   B 仿生学可仿制人脑的结构

   C 计算机中就有仿生学的研究成果

   D 生物体系统的结构、功能有待改进

4. **A** 小青样子很漂亮

   B 小青面试不合格

   C 小青数学成绩好

   D 谁都要不走小青

5. **A** 姥姥不爱看足球比赛

   B 姥姥喜欢球员的勇敢

   C 一个人看球很没意思

   D "我"有个朋友也爱看球

第二部分　💿 17-2

第6-10题：请选出正确答案。

6. **A** 女的身体一直不好

　B 女的婚后有时挨打

　C 女的婚后非常幸福

　D 女的四十岁去世了

7. **A** 给人们提供一些思考

　B 避免人生事故的出现

　C 告诉人们要相信爱情

　D 写出一本最畅销的书

8. **A** 故事必须是自己的

　B 当事人要写下故事

　C 故事必须有录音录像

　D 作者追求融入的感觉

9. **A** 电脑先生非常会讨好女士

　B 电脑先生修电脑的技术差

　C 客户小姐看上了电脑先生

　D 客户小姐独立生活能力差

10. **A** 书的真实性

　B 书的发行量

　D 书的知名度

　C 书的影响力

第三部分 🔊 *17-3*

第 11–17 题：请选出正确答案。

11. **A** 小鸽子被妈妈扔掉了

    B 大风把鸽子蛋刮跑了

    C 小鸽子个个都很调皮

    D 小鸽子是大厨喂大的

12. **A** 他捡到几只鸽子

    B 他朋友特别高兴

    C 他的鸽子出世了

    D 那天有舞蹈表演

13. **A** 他对鸽子太好了

    B 鸽子不听他的话

    C 他有些无能为力

    D 鸽子给他出难题

14. **A** 思路来自自然界

    B 大多数人不清楚

    C 我们都非常熟悉

    D 出自人类的智慧

15. **A** 工人

    B 科学家

    C 放牧人

    D 迈克尔·凯利

16. **A** 它生活在海里

    B 它进化 5 亿年了

    C 它能发出次声波

    D 它有特殊的听觉系统

17. **A** 方便人类随时跟踪水母

    B 可以有效防止风暴发生

    C 有利于航海和渔业的安全

    D 为科学家的研究提供根据

二、阅 读

第一部分

第 18-20 题：请选出有语病的一项。

18. **A** 任何一个团队的力量都大于任何一个强大的个体。

    B 我一生中最想做的第一件事是小说家，第二件事是画家。

    C 神舟九号发射几秒钟以后就在我们的视线中消失得无影无踪了。

    D 为了生存，狼会主动攻击比自己强大数倍的敌人，为同类创造生机。

19. **A** 我喜欢所有的动物，从爬行的蚂蚁到跳跃的羚羊。

    B 他今天居然动手干家务活了，真是太阳从西边出来啦！

    C 全场观众站了起来，用最激烈的掌声感谢演员们的精彩演出。

    D 我虽然住的地方比较偏僻，但周边餐馆、公园、购物场所一应俱全。

20. **A** 这个大玩具有 3800 多个零件，耗时 3 个月，售价 1.75 万。

    B 我们的目标是第三名，要是能获得更好的名次，就是意外的惊喜了。

    C 在电脑前工作一个小时，要休息 10 分钟，这样可以有效地保护视力。

    D 冷空气袭来，山冷得在颤抖，江河也僵硬了，空气也似乎要凝固起来。

第二部分

第 21-23 题：选词填空。

21. 运动时_____机体的新陈代谢较快，_____流汗过多，汗液中的酸性物质会伤害表层皮肤，使皮肤_____老化，所以运动过后更应呵护肌肤。

    A 尽管   以致   过于   **B** 由于   导致   过早
    C 经常   势必   过度   **D** 既然   必然   本身

22. 每到群星灿烂之时，小院的主人或独自_____星空，或在院中散步，或_____地望着院中的两棵百年老树，_____在思忖些什么，或许他在回忆过去，或许他在感悟一种博大精深的人生_____吧。

    A 关注   小心   似乎   追求   **B** 注视   专一   类似   理想
    C 瞻仰   深奥   好像   感慨   **D** 仰望   呆呆   仿佛   意义

23. 猎豹_____早睡早起，一般清晨 5 点半左右起来，然后外出寻食。行走时_____性很高，常常停下来东张西望。即使午睡时，也_____约 6 分钟就坐起来，察看四周的_____。

    A 通通   规律   每停   信息   **B** 惯于   自觉   每次   消息
    C 通常   警惕   每隔   动静   **D** 大凡   积极   每睡   风声

第三部分

第 24–28 题：选句填空。

章鱼又称八爪鱼，虽然叫鱼，它却不属于鱼类，（24）_____。

章鱼种类繁多，身体的大小差别极大，（25）_____，有8条爪。章鱼的爪很有用，可以爬行，可以游泳，可以握持东西。

章鱼约有3500组世上独一无二的基因，其中很多组基因都是负责大脑、爪及隐身能力的。章鱼不仅聪明无比，分散的大脑亦使它们的8条手爪能独立移动。情急时，章鱼可连续六次喷射黑色液体，（26）_____。它有时会变得像一块覆盖着藻类的石头，在猎物完全没有察觉之时突然扑过去，结果自然是大获全胜。除了伪装术以外，章鱼还会用两足"走路"逃生。

海洋学家还曾观察到章鱼一种不同寻常的捕食方式：太平洋条纹大章鱼在捕食时，（27）_____，伸出一只爪，轻轻地拍了下虾较远一边的肩部，被惊吓到的虾想快速跑到安全地带，没想到正好跑进了章鱼的怀中。（28）_____！

A 它的头与躯体分界不明显

B 偷偷地跟踪在一只虾的身后

C 还能够像变色龙一样改变自身的颜色和构造

D 这是怎样充满智慧的诱捕啊

E 而是海洋软体动物

第四部分

第 29–36 题：请选出正确答案。

29–32.

　　达·芬奇在鸟类飞行的启发下造出第一个飞行器 400 年之后，人们经过长期反复的实践，终于在 1903 年发明了飞机，圆了人类飞上天空的梦。之后又经过 30 年的不断努力，飞机在速度、高度和飞行距离上都超过了鸟类，但是在继续研制飞行更快更高的飞机时，设计师碰到了一个更大的难题，就是颤振现象。

　　当飞机飞行时，飞机的翅膀会发生有害振动，飞行越快，颤振越强烈，甚至会折断翅膀，不少试飞的飞行员因此而丧生。飞机设计师们为此绞尽脑汁，费尽周折，最后终

于找到解决这一难题的方法，就是在飞机翅膀前缘的远端上安放一个加重装置，这样就消除了有害振动。

　　此后人们发现，昆虫早在三亿年以前就飞翔在空中了，它们也同样躲避不掉颤振的危害，只是经过长期的进化，早已成功地获得了防止颤振的方法。生物学家发现蜻蜓每个翅膀前缘的上方都有一块深色的角质加厚区，人们将它称为翅痣或翼眼。如果把翅痣去掉，蜻蜓就会在空中荡来荡去。实验证明正是翅痣的角质组织消除了蜻蜓飞行时翅膀的颤振危害，这与人类的发明简直有异曲同工之妙。

　　假如设计师们能够早些发现昆虫翅痣的功用，受益于颤振的解决思路，就可以避免长期的探索和人员的牺牲了。面对蜻蜓翅膀的翅痣，飞机设计师们抱憾良久。

29. 1903 年发生了什么事情？
　　A 鸟给了达·芬奇很大启发　　　　B 人类造出了第一个飞行器
　　C 人类实现了飞上天空的梦想　　　D 人类瞄准飞机市场做出努力

30. 人类在研制飞行更快更高的飞机时，碰到的难题是：
　　A 机翼的有害振动　　　　　　　　B 飞行速度上不去
　　C 飞行员安全问题　　　　　　　　D 做不出加重装置

31. 和第 3 段画线词语"异曲同工"意思最相近的是：
　　A 异途同归　　　　　　　　　　　B 异口同声
　　C 不约而同　　　　　　　　　　　D 不谋而合

32. 通过上文，我们知道什么？
　　A 鸟类和昆虫比人类更有智慧　　　B 人类在大自然面前非常渺小
　　C 鸟帮助人类克服了有害振动　　　D 鸟的飞行给人类提供了启示

33-36.

进入 6 月，又到了登革热高发期。全球每年约有 50 万人因患重症登革热住院，约 2.5% 的感染者死亡。没有针对性药物，没有疫苗。伊蚊是登革热的主要传播媒介，包括埃及伊蚊和白纹伊蚊。科研人员正在"创造"一种特种部队，以蚊治蚊。

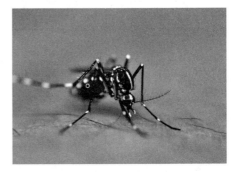

随着纱布被移开，数百只雄性白纹伊蚊飞出笼子，四散开去。如果顺利的话，它们将在接下来一周里，找到一只只野生雌蚊，在飞舞中、在叶片上，一次次地交配。不过，那些野生雌蚊诞下的虫卵，将等不到发育成蚊的那一刻。原来，这群雄性白纹伊蚊身上带着科研人员专门挑选出的沃尔巴克氏体，与它们交配后，野生雌蚊的卵在胚胎发育早期便直接发生卵死亡。以蚊治蚊，科研人员计划用这种方式，使白纹伊蚊数量锐减。

所谓沃尔巴克氏体，早在 1924 年便被发现，是一类广泛存在于节肢动物体内、可以经卵垂直传播的胞内共生菌，但将它变成子弹装入枪支，人类却经过了约 80 年的努力。

除了发现和提取合适的沃尔巴克氏体菌种，掌握显微胚胎注射技术也是这项实验成功的关键。科研人员用小毛笔挑起一颗刚产下不久的白纹伊蚊虫卵，放在载玻片上，置于显微镜下，视觉上将虫卵放大到鸡蛋大小，再用毛细吸管将沃尔巴克氏体注射到卵细胞的包浆中。至此还不能算大功告成，因为胚胎的成活率很低，稍微控制不好，绝大多数卵就会死亡。

确切地讲，人类煞费苦心策划了这场战争，期待自己是真正的赢家——抵抗登革热。

33. 面对登革热，人类正在做什么？
   A 减少感染者死亡　　　　　　B 用蚊子消灭蚊子
   C 千方百计发明药物　　　　　D 想方设法制作疫苗

34. 第 2 段画线词语"锐减"的意思是：
   A 急剧减少　　　　　　　　　B 少量减少
   C 逐渐减少　　　　　　　　　D 稍微减少

35. 科研人员放出的蚊子是：
   A 普通白纹伊蚊　　　　　　　B 野生雌性蚊子
   C 发育成熟的蚊子　　　　　　D 特殊的雄性蚊子

36. "以蚊治蚊"的战争中，技术关键包括：
   A 发明显微胚胎提取技术　　　B 研制出专用的毛笔和鸡蛋
   C 制作出沃尔巴克氏体菌种　　D 保证注射过菌种胚胎的成活率

神奇的丝瓜

一、听 力

第一部分 🔘 18-1

第1-5题：请选出与所听内容一致的一项。

1. **A** 做人不要脱离实际

   B 生活不需要想象力

   C 要精心安排好生活

   D 完美的东西追求不到

2. **A** 连锁企业很受欢迎

   B 鱼店的生意都很好

   C 商店开张搞得很热闹

   D 连锁药店应加强管理

3. **A** 孔子的学生成千上万

   B 孔子说话常用夸张的方法

   C 孔子的学生都很有影响力

   D 孔子是中国的第一位私学教师

4. **A** 公司必须重新编写内部规则

   B 公司面临的风险每天都在增加

   C 所有公司都能及时关注各种风险

   D 出版公司要不断修订过时的出版物

5. **A** 海兴是红富士的故乡

   B 海兴很适合栽种苹果

   C 专家看着苹果一直发愣

   D 专家弄不清海兴的位置

第二部分　💿 18-2

第6-10题：请选出正确答案。

6. **A** 制定治沙目标

   B 在沙漠中修路

   C 开始挑战沙漠

   D 生长在沙漠中

7. **A** 男的当了盐厂的厂长

   B 沙漠公路终于通车了

   C 发现了沙漠中的盐矿

   D 土地沙漠化更严重了

8. **A** 不怕失败，努力探索

   B 大量种树，少量种草

   C 去国外学习科学技术

   D 尝试种植不同的树种

9. **A** 是世界有名的沙漠

   B 正计划搞沙漠经济

   C 沙漠改造很见成效

   D 得到联合国的支持

10. **A** 28年一晃就过去了

    B 保护生态是长期任务

    C 生态产业缺少领头人

    D 年轻人应该献身沙漠

第三部分　　🖸 *18-3*

第 11–17 题：请选出正确答案。

11. **A** 中药是中国生长的植物
　　B 中药是中医才用的草药
　　C 中药中大部分为植物药
　　D 中国可入药的植物最多

12. **A** 四气与四季的气候有关
　　B 中药味道好疗效也会好
　　C 中草药也讲究烹饪技术
　　D 气、味不同的药治不同的病

13. **A** 多数患者更喜欢汤剂
　　B 中成药比汤药的疗效好
　　C 中成药更强调个体化治疗
　　D 汤剂可随时针对病人情况调整

14. **A** 种子曾到太空一游
　　B 农业专家去过太空
　　C 从太空带回的蔬菜
　　D 在太空生长的蔬菜

15. **A** 增加蔬菜维生素含量
　　B 改变蔬菜的营养成分
　　C 促使种子内部结构发生变化
　　D 观察特殊环境对种子的影响

16. **A** 种子是在太空培育的
　　B 宇航员在太空种植的
　　C 在模拟太空环境下种的
　　D 飞船前往火星途中种的

17. **A** 每株太空蔬菜都很贵
　　B 飞船带食物成本很高
　　C 飞船食品供应品种很丰富
　　D 带种子会增加飞船的负担

二、阅 读

第一部分

第18-20题：请选出有语病的一项。

18. A 我不喜欢父亲为自己安排的生活。

    B 一道亮光划破了夜空，准是一颗流星坠落到了地球上。

    C 峰峦叠嶂之间，依山傍水之处，矗立着一幢幢古朴雄奇的土楼。

    D 大多数种子植物茎的外形为圆柱形，也有少数植物的茎有其他形状。

19. A 如果饮食毫无节制，就容易生病。

    B 那条凹凸不平的小路上，布满了来来往往行人的脚印。

    C 一只小鸟在空中玩耍，忽而垂直下落，忽而盘旋而上，真是美极了！

    D 他建议公司的企业文化有待进一步深化，并建议公司搞好环境卫生。

20. A 医生这个伟大的职业，可以让病人从病痛中走出来。

    B 进了校门，绕过圆形花坛，穿过笔直的水泥路，就是教学楼。

    C 我希望每个孩子都像一粒种子，扎根在肥沃的土壤中，生根、发芽、结果。

    D 春天来了，柳树吐出点点嫩芽，像是摇着又细又长的大辫子欢迎春的到来。

第二部分

第 21–23 题：选词填空。

21. _____体操运动员是需要时间的，短则七八年，长则十几年，同时还要_____训练的科学性，要练好基本功，不能求成心切。可有的教练_____加大训练强度、难度，拔苗助长，结果只能毁苗。

    A 培养   讲究   一味   **B** 培育   要求   一直

    C 发展   提倡   宁愿   **D** 训练   依照   执着

22. 人们常说："一年之计在于春。"_____，现实生活中，我们有的人_____缺乏一种与春天气息_____的朝气蓬勃、奋发进取、只争朝夕的热情，结果_____了大好春光，真的有些可惜呀！

    A 果真   竟然   相协调   失去   **B** 居然   较为   相联系   浪费

    C 随即   果然   相配合   放任   **D** 然而   往往   相适应   辜负

23. _____就到春节了。今年的冬天特别冷，地面一直_____着厚厚的冰，树枝光秃秃的。外面行人稀少，车子_____地来往。太阳依然一如既往地照耀着我们，天空依然蔚蓝，白云依然在_____。而我，依然喜欢这里。

    A 瞬间   冻   缓慢   徘徊   **B** 转眼   积   单调   漂浮

    C 刹那   留   疲倦   游荡   **D** 立刻   有   枯燥   行走

第三部分

第 24-28 题：选句填空。

向日葵又名朝阳花，（24）_____。

向日葵的种植四季皆可，主要以夏、冬两季为宜，花期可达两周以上。向日葵分为"普通观赏用"和"食用"两个品种。观赏用品种特点为植株较矮小，个别不超过半米。食用品种植株较为高大，（25）_____。

向日葵为世界四大油料作物之一，其生长与温度、水分、光照、土壤等因素关系密切。向日葵除了外形酷似太阳以外，它的花朵明亮大方，种子更具经济价值，不但可做成受人喜爱的葵瓜子，（26）_____。

向日葵的野生种主要分布在北纬 30° ～ 52° 之间的北美洲南部、西部及秘鲁和墨西哥北部地区。哥伦布发现新大陆时，（27）_____，开始在西班牙的马德里植物园种植观赏。

向日葵约自明朝传入中国。中国向日葵主产区分布在东北、西北和华北地区，（28）_____，可向西南、中南和华东地区扩种。

A 向日葵的生产潜力很大

B 因其花常朝着太阳而得名

C 还可榨出低胆固醇的高级食用葵花油

D 可长至两米以上

E 航行到美洲的西班牙人把向日葵带到欧洲

第四部分

第 29-36 题：请选出正确答案。

29-32.

　　春天的树花耐人寻味。开头和中间的那些，都是在光秃秃的树枝上点缀着红的粉的花朵。这时候，懒冬翻身打了个哈欠，伸了个懒腰，在沉睡里尚未大醒，干渴的季节，忽然有鲜艳的花朵次第开放，滋润着人们的心田，接着是花瓣飘落，似五彩缤纷的花雨，令人惊讶春的神奇。

　　清明过后春渐晚，杂树新绿渐生，这时候树上白花多，绿叶里的白花似一夜飞雪，季节仿佛一下子又回到了冬天。洋槐花坐的就是这班车。

　　槐树有洋槐、国槐之分。洋槐，又名刺槐。树皮灰褐色，原生于北美洲，现被广泛引种到亚洲、欧洲等地。顾名思义，刺槐生有尖利的刺，白色的花很香，还能食用。刺槐花产的蜂蜜很甜，蜂蜜产量也高。

　　国槐是中国的本土树种，现南北各省区广泛栽培。日本、越南也有分布，欧洲、美洲各国均有引种。国槐树型高大，树干说不上挺拔，树冠却很庞大，枝繁叶茂，绿荫如盖。花为淡黄色，可烹调食用，也可做中药或染料。花期在 7 ～ 8 月，和其他树种花期不同，是一种重要的蜜源植物。

29. 文中所说"春天的树花"有什么特点？
　　A 花谢得很快　　　　　　　　B 都同时开放
　　C 只开花不长叶　　　　　　　D 花朵香味浓郁

30. 洋槐花的特点是：
　　A 晚春开放　　　　　　　　　B 冬天开放
　　C 花上有刺　　　　　　　　　D 花呈黄色

31. 关于国槐，下列哪项正确？
　　A 是引自欧洲的树种　　　　　B 更适合在北方生长
　　C 树叶可以用来治病　　　　　D 花可以吃和做染料

32. 国槐、刺槐的共同点是：
　　A 故乡在中国　　　　　　　　B 受蜜蜂欢迎
　　C 开白色的花　　　　　　　　D 栽培不容易

33–36.

　　伴着柔和的夕阳，我漫步在胡杨林深处，一页一页地翻阅胡杨的<u>故事</u>，陶醉于胡杨林呈献给我们的一片金黄，感动于胡杨送给寂寞沙海的繁华与辉煌。在新疆，百姓称胡杨为"英雄树"，赞其"生而不死一千年，死而不倒一千年，倒而不朽一千年"，细细观赏胡杨，从她的树干、枝叶间，读出的满是胡杨生命中那不可思议的坚毅不屈与悲壮。

　　胡杨是第三世纪残余的古老树种，6000多万年前就在地球上生存了。胡杨喜欢沙质土壤，它的主根可入土10米，侧根则如章鱼的手臂，伸长范围可远达30米，胡杨还可从自己的根部直接生出幼苗，不断扩大自己的疆域。胡杨的根随着水走，沙漠河流流向哪里，她就跟随到哪里，在茫茫沙海中顽强地生存着。

　　胡杨喜光，喜土壤湿润，耐干旱，对温度大幅度变化的适应能力很强。它的根可以扎到20米以下的地层中吸取地下水，体内还能贮存大量的水分。胡杨有较强的耐盐碱能力，它不仅能够不受碱水的伤害，还能不断地从含有盐碱的地下水中吸取水分和养料。人们发现，若是将胡杨的树枝折断，从断口处流出的树液蒸发后，就会留下生物碱，因此胡杨又被称为"眼泪树"。

　　胡杨叶子特别懂得水的可贵，它不想多占去一点点水资源。在树梢处，它用大叶子吸收更多的阳光给枝干；在中下层，用小叶子减少水分的散失。也就是说，一棵胡杨树上会生出三种不同形状的叶子，一种又细又长，类似柳树叶，一种和槐树的叶子差不多，另外一种形状独特，有点儿像枫叶。胡杨叶子的表面还有一层蜡质，这样就可以锁住水分，让每滴水都用在树的枝干上。

33. 作者陶醉于：
　　A 胡杨树生命中的悲壮　　　　　B 夕阳下美丽的胡杨林
　　C 新疆今日呈现的繁华　　　　　D 胡杨不可思议的故事

34. 根据第2段可以知道：
　　A 胡杨根逐水而生　　　　　　　B 胡杨树能活6000年
　　C 胡杨与章鱼习性相近　　　　　D 胡杨主要生长在海边

35. 怎样理解胡杨有较强的耐盐碱能力？
　　A 胡杨可通过眼泪排出盐碱　　　B 胡杨能够不受盐碱水的伤害
　　C 胡杨能够转换盐碱的成分　　　D 盐碱可通过胡杨树枝蒸发掉

36. 胡杨树叶的特点是：
　　A 尽量把水留给枝干　　　　　　B 树叶长得非常整齐
　　C 用叶子遮挡阳光，减少水分蒸发　D 随着树长大，树叶的形态会发生变化

一、听 力

第一部分　💿 19-1

第1-5题：请选出与所听内容一致的一项。

1. **A** 每个孩子都有自己的特长

   B 好老师要能发现学生的问题

   C 老师要善于帮学生解决问题

   D 老师要根据学生的特长加以引导

2. **A** 乌鲁木齐是新疆的首府

   B 在新疆40℃高温很普遍

   C 7月份新疆的天气反复无常

   D 乌鲁木齐的气温高于吐鲁番

3. **A** 每个人都向交际提出新要求

   B 历史会记录社会的发展变化

   C 语言会随着社会的变化而变化

   D 书面语和口语有许多不同之处

4. **A** 林行止、熊秉元都是小说作家

   B 林行止的书介绍了很多旅游景点

   C 熊秉元的书内容常涉及餐饮美味

   D "经济新观察"是一套经济学书籍

5. **A** 人类的定居促进了人口的增长

   B 农业的发展也促进了渔猎文明

   C 人口迁移是为了解决耕地问题

   D 人类定居从渔猎时期就开始了

第二部分　🔘 19-2

选出正确答案。

的食物

很高

的食物

的标准

病的

美食

美食

美食

事

题

保证健康

享受悠闲

9. **A** 男的历来就不愿意做饭

　　B 男的太忙，没学过做饭

　　C 男的做饭手艺相当不错

　　D 男的做饭非常讲究用料

10. **A** 男的拍戏时经常吃零食

　　B 女演员怕胖不敢吃零食

　　C 男的看不惯女演员老吃零食

　　D 戏中男的不让女演员吃零食

第三部分　🖸 19-3

第 11–17 题：请选出正确答案。

11. **A** 缺点非常明显

　　B 简单、可靠、易操作

　　C 被黑客偷取后无法使用

　　D 比人体生物密码更安全

12. **A** 安全性有待提升

　　B 可复制性差一些

　　C 数据会实时改变

　　D 黑客破解很容易

13. **A** 声音密码

　　B 眼泪密码

　　C 传统密码

　　D 指纹密码

14. **A** 二十几岁

　　B 一百多岁

　　C 五百多岁

　　D 一百二十岁左右

15. **A** 生儿育女的季节

　　B 尽情吃喝的季节

　　C 保养身体的季节

　　D 享受自由的季节

16. **A** 春天

　　B 夏天

　　C 秋天

　　D 冬天

17. **A** 一生都要追求

　　B 父母必须对孩

　　C 父母抚养孩

　　D 简约的生活

二、阅 读

第一部分

选出有语病的一项。

生室是镇里最正规的之一。

里，几乎每一个冬天的晚上，奶奶都在灯下学习。

身，她在近乎疯狂的掌声中完美地结束了花样滑冰表演。

照耀下闪闪发光，但河比以前窄了很多，浪也没有以前大。

杂志将其列入"20世纪最有影响的100个人"。

高山，没有走不出的沙漠，更没有超越不了的自我。

造型奇异的云朵，有的像人，有的像动物，还有的像花。

液更容易渗透到受损的发丝中，从内部对发丝进行修补。

，而且它还有重量。

错误的观点，而且会借助先人的看法。

这是人的准则；不犯错误，那是天使的梦想。

仿佛被过滤得干干净净，一切都变得那么纯洁而美好。

第二部分

第 21-23 题：选词填空。

21. 板块 – 地体学说_____了地壳运动现象，证明地球是一个生机勃勃
非常_____的"新陈代谢"过程，有着_____的过去和灿烂的未

    A 解释   活跃   辉煌   **B** 发现   活泼
    C 发明   复杂   广阔   **D** 展现   古怪

22. _____的采访时间已过大半，桌上的那杯茶未动。我_____
注，谈话仍旧有条不紊地进行着，没有_____，没有停顿，谁
科学家严谨的思维。

    A 打算   注意   迷惑   停止   **B** 计划   凝视
    C 预测   审视   顾虑   拒绝   **D** 预定   注视

23. _____不要因为矿物质在人体内含量极小就_____它的价值
体中的一些决定性的新陈代谢是十分必要的。_____缺少了
人体就会出现疾病，_____危及生命。

    A 总之   小看   与其   以至   **B** 据悉   轻视
    C 千万   忽视   一旦   甚至   **D** 偏偏   漠视

第三部分

第24-28题：选句填空。

苍蝇是声名狼藉的"逐臭之夫"，凡是脏臭污秽的地方，都有它们的踪迹。

苍蝇的嗅觉特别灵敏，（24）_____。但是苍蝇并没有"鼻子"，它靠什么来闻呢？原来苍蝇的嗅觉感受器分布在头部的一对触角上，每个触角有一个"鼻孔"与外界相通，内含上百个嗅觉神经细胞。（25）_____，这些神经会立即把气味刺激转变成神经电脉冲，送往大脑，大脑根据不同气味物质所产生的神经电脉冲的不同，就可区别出不同气味的物质。因此，苍蝇的触角像是一台灵敏的气体分析仪。

仿生学家由此得到启发，（26）_____，仿制出一种十分奇特的小型气体分析仪。这种仪器的"探头"不是金属，（27）_____。就是把非常纤细的微电极插到苍蝇的嗅觉神经上，将引导出来的神经电信号经电子线路放大后，传送给分析器；分析器一经发现气味物质的信号，便能发出警报。这种仪器已经被安装在宇宙飞船的座舱里，（28）_____。这种小型气体分析仪，也可测量潜水艇和矿井里的有害气体。

A 根据苍蝇嗅觉器官的结构和功能

B 远在几千米外的气味也能嗅到

C 用来检测舱内气体的成分

D 而是活的苍蝇

E 若有气味进入"鼻孔"

第四部分

第 29-36 题：请选出正确答案。

29-32.

　　活化石指先发现化石再发现活体，或活体与确认的化石属同一种且同时存在。于是就有了一些延续了上千万年的古老生物，与其同时代的其他生物早已绝灭，只有它们独自保留下来，适应了现代的环境，生活在一个极其狭小的区域，被称为"活化石"。

　　1938 年在非洲东南部海中发现的矛尾鱼，是世界闻名的一种活化石。中国的银杏树、水杉，哺乳动物大熊猫、中华鲟，均被世界公认为珍贵的活化石。

　　银杏树又名白果树，古又称鸭脚树或公孙树。远在二亿七千多万年前，银杏的祖先就开始出现了。到了一亿七千多万年前，银杏已和当时称霸世界的恐龙一样遍布世界各地，后来，绝大部分银杏像恐龙一样灭绝了，只在中国部分地区保存下来一点点，流传至今，成为稀世之宝。浙江天目山一带尚可见到野生银杏。故银杏有"活化石""植物中的熊猫"之称。

　　水杉树姿优美，枝叶繁茂，叶色多变而独具一格。它曾广泛分布于北半球。但经过第四纪冰期以后，它们几乎全部绝灭。20 世纪 40 年代，科学家在中国的四川、湖北和湖南均发现水杉尚有留存，其后，这个曾被认为早已在世界上绝迹的树种迅速传播于世。水杉不仅是珍贵的"活化石"，而且它有很强的生命力和广泛的适应性，它生长迅速，是优良的绿化树种，现在不但在中国各地广泛栽培，世界很多国家也争相引种，使这珍贵的树木得以在全球范围内生生不息。

29. 关于"活化石"，下列哪项正确？
　　A 先发现化石再发现活体　　　　　B 对生存空间没有特殊要求
　　C 化石与活体同时被发现　　　　　D 是活了上千万年的动植物

30. 银杏树古代又称为：
　　A 化石树　　　　　　　　　　　　B 鸭脚树
　　C 公子树　　　　　　　　　　　　D 熊猫树

31. 银杏树的繁盛时期在：
　　A 一千多万年前　　　　　　　　　B 恐龙灭绝的时候
　　C 二亿七千多万年前　　　　　　　D 一亿七千多万年前

32. 水杉的特点是：
　　A 适应环境的能力很强　　　　　　B 在世界各地均有发现
　　C 生长速度慢于其他树　　　　　　D 仅可栽种于中国南方

33-36.

5 年前，一位老人在海边发现了一只浑身覆盖着石油、饿得奄奄一息的企鹅。老人把企鹅带回了家，给它取名 Dindim。

Dindim 是一只麦哲伦企鹅。之所以叫麦哲伦企鹅，是因为著名航海家麦哲伦于 1519 年最早发现了它们，后来科学界就以麦哲伦命名该物种了。这种企鹅主要分布于南美洲南端海域的群岛中，是温带地区企鹅类中极具代表性的物种。

老人给 Dindim 清理黏附在羽毛上的油渍，使它身上不再有难闻的气味；喂鱼给它吃，让它尽快强壮起来。有了老人的悉心照料，Dindim 很快得以康复。老人把它带到海边，想让它回家，Dindim 却没有走，它在老人身边整整待了 11 个月，直到它开始换毛才离开。

老人本以为这辈子不会再见到 Dindim 了，令他诧异的是，几个月后，Dindim 又回来了，而且大模大样地跟着老人回了家。更为奇妙的是，此后，每年的 6 月，Dindim 都会如期出现，次年的 2 月再回到阿根廷和智利的海岸。而它每年来看望老人要游行的距离超过 3000 公里。

老人说，Dindim 与他越来越亲密，每年他们一相见，Dindim 就会愉快地摇晃尾巴，发出欢快的叫声，老人也像爱自己的孩子一样爱着 Dindim。他相信 Dindim 也爱他，因为 Dindim 喜欢待在老人的腿上等着老人给它喂食，还允许老人把它抱起来，除了老人之外，任何人想接近 Dindim，都会被啄。

Dindim 为什么会和老人这么亲近，还要每年不远万里来和老人团聚，有生物学家认为，可能是企鹅把老人当成了家人，也可能是 Dindim 认为老人也是一只企鹅。至于真相，只有企鹅能够告诉你。

33. 5 年前，老人发现企鹅时，那只企鹅：
    A 饿得没有了呼吸　　　　　　　　**B** 身上沾满了石油
    C 身上已开始换毛　　　　　　　　**D** 非常想有一个家

34. 关于"麦哲伦企鹅"名字的来源，下列哪项正确？
    A 救了 Dindim 的老人给起的　　　**B** 发现这一物种的人给起的
    C 以企鹅栖息地的地名而命名　　　**D** 以最早发现人的名字而命名

35. 老人认为最奇妙的事情是：
    A Dindim 康复之后一直没有离开他
    B Dindim 大大方方跟着老人回了家
    C 每年 6 月，Dindim 都会准时来看他
    D Dindim 居然能够游 3000 公里的距离

36. 关于企鹅为什么会和老人这么亲近，下列哪项正确？
    A 老人行事风格很像企鹅　　　　　**B** 老人把企鹅当成了孩子
    C 这个答案只有企鹅知道　　　　　**D** 别人的亲近让企鹅不愉快

一、听力

第一部分　🔘 20-1

第1-5题：请选出与所听内容一致的一项。

1. **A** 谁也没本事分辨出酱油的好坏

   B 伪劣酱油进入市场系偶然现象

   C 造假者以劣质酱油冒充好酱油

   D 造假者修改了酱油的技术标准

2. **A** 父亲得的是不治之症

   B 他一边读书一边工作

   C 他喜欢邮递员的工作

   D 他参加了报社的考试

3. **A** 红灶鸟也被叫作"面包师"

   B 红灶鸟做的面包烤炉很耐用

   C 红灶鸟住在废弃的面包炉里

   D 红灶鸟喜欢住在面包房附近

4. **A** 面试官故意给李辉出难题

   B 对经济李辉多少算个内行

   C 李辉估计今天的面试要失败

   D 面试时李辉想说什么就说什么

5. **A** 基普非常喜欢旅游

   B 基普的住所很豪华

   C 基普"收藏"建筑

   D 基普的办公室在纽约

第二部分　🔊 20-2

第6-10题：请选出正确答案。

6. **A** 在一个家族中世代相传

　　B 家庭成员都欣赏的风格

　　C 当时社会崇尚的价值观

　　D 引导社会发展的审美观

7. **A** 有家庭成员感觉不到家风

　　B 有人不想接受家风的影响

　　C 无形中就会受到家风影响

　　D 家风不能影响年轻人的发展

8. **A** 没有生活目标

　　B 走上错误道路

　　C 没有反思精神

　　D 有问题怪别人

9. **A** 社会风气好会影响家风传承

　　B 家风与社会风气关系不太大

　　C 家风好坏是每个家庭的私事

　　D 家风会影响社会风气的建设

10. **A** 家家都以文字形式的家训传承

　　B 司马光很有钱却告诫后代节俭

　　C 家训中常提到不可助贿赂之风

　　D 宋代包拯把为官不贪作为家训

第三部分 🔘 *20-3*

第 11–17 题：请选出正确答案。

11. **A** 总担心孩子出门会迷路

    B 不懂得管教孩子的方法

    C 没指望将来孩子对自己好

    D 不想明白孩子心里想什么

12. **A** 小时候没有认真学习

    B 小时候不听妈妈的话

    C 小时候没有好好锻炼身体

    D 小时候不明白父母的辛苦

13. **A** 对物质生活要求太高

    B 经济上始终不能独立

    C 总觉得自己生活得不幸福

    D 认为父母为自己做什么都是应该的

14. **A** 月圆时，它像镜子

    B 月缺时，它像云团

    C 星星很听月亮的话

    D 月亮累了星星才来

15. **A** 开心

    B 烦躁

    C 犹豫

    D 得意

16. **A** 有了和它争夺月亮的对手

    B 它每天都生活在不安之中

    C 月亮被偷走的事防不胜防

    D 它害怕自己保护不了月亮

17. **A** 月亮根本不可能属于自己

    B 月亮永远都应该属于天空

    C 害怕失去月亮是贪心使然

    D 明白道理就不会再苦恼了

二、阅 读

第一部分

第 18-20 题：请选出有语病的一项。

18. **A** 在中国古代诗歌里，"访友"历来就是一个不衰的题材。

　B 过度运动的宽泛定义是，每天进行数小时的高强度运动。

　C "空间碎片"，即太空垃圾，落到地面，后果将不可思议。

　D 古往今来，从平民百姓到名人大家，粥都被视为很好的营养品。

19. **A** 对于城市人的生活，公共汽车仍然是主要的公共交通工具。

　B 我每次想到一辈子省吃俭用、日日辛劳的妈妈，心里就不是滋味。

　C 西汉海昏侯墓经过 5 年的考古挖掘，近日取得了重大阶段性成果。

　D 据说智能拐杖具有收音机、与他人手机连接、实现实时报警等功能。

20. **A** 农历是中国汉族传统历法，又有夏历、汉历、华历之称。

　B 他躺在草地上，贪婪地享受着温暖的阳光，一动也不想动。

　C 虽然我还没遇到过这种令人气愤的事，竟然被我妈妈遇到了。

　D 人们很喜欢椭圆形，但并不是每个人都知道在已知的尺寸下椭圆怎么画。

第二部分

第 21-23 题：选词填空。

21. 李教授每一＿＿＿＿＿＿科研成果的取得，大约都要花三四年的时间，＿＿＿＿＿＿连轴转早已不成"新闻"，靠的就是全身心的＿＿＿＿＿＿。

    A 个   夜以继日   参加   **B** 份   披星戴月   参与
    C 项   废寝忘食   投入   **D** 页   不眠不休   加入

22. 女儿在银行有一间＿＿＿＿＿＿的办公室，房门上镶嵌着印有她的名字和职称的牌子，办公桌上摆放着制作＿＿＿＿＿＿、印着她的名字和职称的名片牌架，她可以和老板＿＿＿＿＿＿一个秘书。这一切，都使女儿感到她工作的＿＿＿＿＿＿。

    A 独自   优美   公用   严肃   **B** 单独   精美   共用   庄重
    C 孤立   精良   合用   郑重   **D** 孤单   美观   专用   持重

23. 老年人节约，大多＿＿＿＿＿＿两个原因：一是多年节省的习惯难以改变，二是＿＿＿＿＿＿想着造福子孙，为儿女积累未来。表面看，老人的想法也是人之常情，但细细分析＿＿＿＿＿＿就会明白，老人这样做往往＿＿＿＿＿＿。

    A 起因   及时   以后   无以回报   **B** 渊源   随时   之后   贪小失大
    C 由于   即刻   一遍   因小失大   **D** 源于   时刻   一下   得不偿失

第三部分

第 24-28 题：选句填空。

从前，有个农民，一辈子以砍柴为生。老人有两个儿子，一天，他把两个儿子叫到跟前，说："我老了，（24）_____，以后砍柴卖柴的事就交给你们了。门后有柴刀，你们自己选，然后上山去砍柴吧。"

哥俩各自挑了把柴刀，准备上山。哥哥边走边想：我宁愿累点儿也要多砍点儿柴，让父亲高兴，也让小弟佩服。弟弟却想：（25）_____，还净是缺口，我得先磨刀。

弟弟找了块磨刀石吭哧吭哧地磨起了刀。哥哥走累了，坐在山坡上，自言自语道："这小子，还不来砍柴，（26）_____。"

弟弟磨好了刀，已经是下午了，他想："我得快点儿了，哥哥可能都砍一大堆了。"弟弟急忙上了山，由于心里着急，干得格外卖力，况且那刀磨了一上午，锋利无比，不一会儿，弟弟就砍了满满两担。（27）_____，将近傍晚，累得满头大汗，却只砍了一小担柴。

这就是"磨刀不误砍柴工"的故事，它告诉我们，要办好一件事，就要先做好准备，（28）_____，但时间不会白花，因为准备得好会大大提高办事效率。

A 哥哥却因为刀太钝

B 体力不支了

C 真能磨蹭

D 这刀好久没磨了不说

E 虽然准备工作也要花费时间

第四部分

第 29-36 题：请选出正确答案。

29-32.

你有没有发现一个有意思的现象，大家聚到一起，抱怨的话题是最多的。

女人凑到一起，有人说孩子不听话，越来越难管，让人烦透了；有人说婆婆难伺候，自己如何付出，总换不来她一个笑脸；有人说丈夫整天在外面瞎忙，连结婚纪念日都忘

了，更别说有礼物相送了。男人聚到一块儿抱怨分配不公、空气不好、<u>坑人</u>的领导老不给涨工资，好像没什么顺心事。

其实，生活根本没那么差劲，只是有些不如意被人们放大了，好比一件光鲜的衣服，外表落上点儿尘土本是常有的事，把尘土掸一掸，怨天尤人一番，减轻了压力，自己心里就舒服了，然后照样开开心心地过日子。一边抱怨，一边热爱，这就是人生。

不信你看，那些抱怨完的女人马上相约逛街，烦恼立刻撇在了一边，心情瞬间就好了起来。那些抱怨工资少的男人，领导一个电话，立即进入工作状态，全力以赴，没有丝毫迟疑。

那既然热爱，为什么还要抱怨呢？其实，每个人的生活都有无法避免的小烦恼，之所以抱怨，只是希望生活会越来越好，越来越接近理想中的样子。抱怨是人的天性，适度抱怨，可以丢掉心中的负能量，让生活变得更快乐。生活就像一件华衣，人们穿在身上，要时不时抖一抖上面的尘土，心灵才不会积累太多的灰色。

29. 第 2 段画线词语"坑人"的意思是：
  A 擅用欺骗手段发不义之财　　　　B 不好好经营，致使员工受损
  C 用不光明的手段使人受到损害　　D 对工作不负责任，对员工缺乏爱心

30. 关于女人，下列哪项正确？
  A 对孩子期望值过高　　　　　　　B 常常跟丈夫赌气
  C 每天抱怨后都会去逛街　　　　　D 抱怨过后依然热爱生活

31. 人们为什么会有如此多的抱怨？
  A 适度释放以求减轻压力　　　　　B 生活中不如意的事太多
  C 男人越来越没有责任感　　　　　D 女人对于生活太过挑剔

32. 最适合做上文标题的是：
  A 人生多点儿正能量　　　　　　　B 这是理想的生活吗？
  C 一边抱怨，一边热爱　　　　　　D 生活本如此，抱怨也没用

33–36.

　　"工匠精神"包含两层含义，一是世人对工匠精雕细琢、一丝不苟精神的赞美，二是全社会对能工巧匠发自肺腑的敬意。中国历史上不乏能工巧匠，也不缺少工匠精神，比如建造了赵州桥的隋代工匠李春，再比如鲁班。

　　赵州桥位于今河北省赵县城南的洨河上，是中国现存最早的大型石拱桥，也是世界上现存最古老、跨度最长的敞肩圆弧拱桥。赵州桥整桥都用石块建成，共用石块1000多块，每块重达1吨，桥上装有精美的石雕栏杆，雄伟壮丽、精巧别致。赵州桥首创了敞肩拱结构形式，精美的雕栏分明就是工艺品，施工技巧也颇为后人称道，在中外建桥史上令人瞩目。

　　鲁班称得上是中国尽人皆知的能工巧匠。他出身于世代工匠家庭，从小就跟随家里人参加土木建筑工程，在实践中积累了丰富的经验。鲁班不仅是一位出色的木工，也是一位最负盛名的建筑师，还发明了很多工具。

　　传说，一天鲁班到山上去寻找木料，突然脚下一滑，他一把抓住了路旁的一丛草，立时，鲜血流了出来，手被划破了。"这不起眼的草怎会这么锋利！"他不顾伤口的疼痛，拣起一棵草仔细端详起来。他发现小草叶子边缘长着许多锋利的小齿。他用这些密密的小齿在手背上轻轻一划，居然划出了一个口子。他想：我倒不如模仿树叶做个工具，用它切割木头，说不定比现在的斧头好用。于是，鲁班请铁匠打出了边缘带有锋利小齿的铁片，拿到山上一试，果然，很快就把树木切割断了。鲁班给这种新发明的工具起了个名字，叫"锯"。

33. 关于"工匠精神"，下列哪项正确？
　　A 中国的能工巧匠太少　　　　　　B 世人对工匠表示尊敬
　　C 人们只关注工匠的技术　　　　　D 中国工匠精神有待发扬

34. 李春建造的赵州桥：
　　A 整座桥上没用一块砖　　　　　　B 是世界上最古老的桥
　　C 施工技巧得到后人的赞美　　　　D 按工艺品的标准制作雕栏

35. 第3段画线词语"负"的意思是：
　　A 享有　　　　　　　　　　　　　B 负担
　　C 辜负　　　　　　　　　　　　　D 缺少

36. 关于"锯"，下列哪项正确？
　　A 鲁班看见草想起了要使用锯　　　B 鲁班在草的启发下发明了锯
　　C 鲁班上山去寻找造锯的思路　　　D 鲁班觉得斧头不好用才造锯

三、书 写

第 37 题：缩写。

（1）仔细阅读下面这篇文章，时间为 10 分钟，阅读时不能抄写、记录。
（2）10 分钟后，收起阅读材料，请你将这篇文章缩写成一篇短文，时间为 35 分钟。
（3）标题自拟。只需复述文章内容，不需加入自己的观点。
（4）字数为 400 左右。

对于吕重华来说，今天是个特殊的日子，他做梦都没想到，《订单·方圆故事》获得了国际大奖。用吕重华的话说，这实属意外，这书原本就是想传给子孙的。

《订单·方圆故事》写的是"方圆工艺美术社"自己的故事，该书的作者就是吕重华——这家书店的老板。

编写这本书的源起要追溯到 5 年前的北京图书订货会。吕重华的好友张东说他有一个想法：出一本关于吕重华订单的书。

张东所说的订单，办书店的人天天都要打交道。在互联网与电子邮件还未普及的年代，书店需要购进哪些书，都要以传真的方式给出版社发送书目订单，告知书名与册数，催促出版社发书。

出版社发行人员变动很大，对常年与出版社打交道的吕重华来说，总要面对新的发行人员，并要尽快与他们建立关系与信任。对美术出身，而非经商出身的吕重华来说，这着实是件令他头痛的事。

吕重华平素爱画速写漫画。一天他突发奇想，签署每一份订单时，在落款处画一幅漫画自画像，以取代图章。吕重华的每一幅自画像都有意注入自己的情绪，如果心情愉悦，纸面上呈现的就是一张笑脸。如果烦心恼怒，眉毛直立、龇牙咧嘴的形象立即活灵活现。这个习惯一坚持就是十几年，吕重华的自画像变成了人见人爱的名片，通过传真发送到各大出版社的发行办公室。有人劝他刻个章，省时省力。他却坚持手绘，以达到每个漫画像都不一样。

十几年，这个独特的标记在图书发行圈内成了吕重华鲜明的标识。他的传真一传到办公室，大家就都知道是那个家伙又来订单了，还知道他当时心情的好坏。

十多年下来，吕重华积攒的传真底稿有 5000 多张，两尺厚，嬉笑怒骂，岁月流逝，在订单中都留下了独有的记忆。

5000 多张，要不是一天一天坚持下来，现在让他画，他肯定不敢接这个活儿，吕重华抚摸着《订单·方圆故事》不禁感叹。

线装、纸本、书法、印章、竖排、中式漫画……这本书的成功，除了吕重华千姿百态、趣味横生的自画像外，美术编辑极富创意地把这些文化元素巧妙地合成在一本书上，也是它吸引人的关键。

好书就是这样，它需要一天一天的积累，需要水滴石穿的功夫，积累得足够，它就有了深度，有了超越一切的魅力。其实，做别的事情又何尝不是如此呢！

HSK（六级）介绍

HSK（六级）考查考生的汉语应用能力，它对应于《国际汉语能力标准》五级、《欧洲语言共同参考框架（CEFR）》C2级。通过HSK（六级）的考生可以轻松地理解听到或读到的汉语信息，以口头或书面的形式用汉语流利地表达自己的见解。

一、考试对象

HSK（六级）主要面向掌握5000及5000以上常用词语的考生。

二、考试内容

HSK（六级）共101题，分听力、阅读、书写三部分。

考试内容		试题数量（个）		考试时间（分钟）
一、听力	第一部分	15	50	约35
	第二部分	15		
	第三部分	20		
填写答题卡				5
二、阅读	第一部分	10	50	50
	第二部分	10		
	第三部分	10		
	第四部分	20		
三、书写	作文	1		45
共计	/	101		约135

全部考试约140分钟（含考生填写个人信息时间5分钟）。

1. 听力

第一部分，共15题。每题听一次。每题播放一小段话，试卷上提供4个选项，考生根据听到的内容选出与其一致的一项。

第二部分，共15题。每题听一次。播放三段采访，每段采访后有5个问题，试卷上每题提供4个选项，考生根据听到的内容选出答案。

第三部分，共20题。每题听一次。播放若干段话，每段话后有几个问题，试卷上每题提供4个选项，考生根据听到的内容选出答案。

2. 阅读

第一部分，共 10 题。每题提供 4 个句子，要求考生选出有语病的一句。

第二部分，共 10 题。每题提供一小段文字，其中有 3 ～ 5 个空格，考生要结合语境，从 4 个选项中选出最恰当的答案。

第三部分，共 10 题。提供两篇文字，每篇文字有 5 个空格，考生要结合语境，从提供的 5 个句子选项中选出答案。

第四部分，共 20 题。提供若干篇文字，每篇文字带几个问题，考生要从 4 个选项中选出答案。

3. 书写

考生先要阅读一篇 1000 字左右的叙事文章，时间为 10 分钟；然后将这篇文章缩写为一篇 400 字左右的短文，时间为 35 分钟。标题自拟。只需复述文章内容，不需加入自己的观点。

三、成绩报告

HSK（六级）成绩报告提供听力、阅读、书写和总分四个分数。总分 300 分，180 分为合格。

	满分	你的分数
听力	100	
阅读	100	
书写	100	
总分	300	

HSK 成绩长期有效。作为外国留学生进入中国院校学习的汉语能力的证明，HSK 成绩有效期为两年（从考试当日算起）。